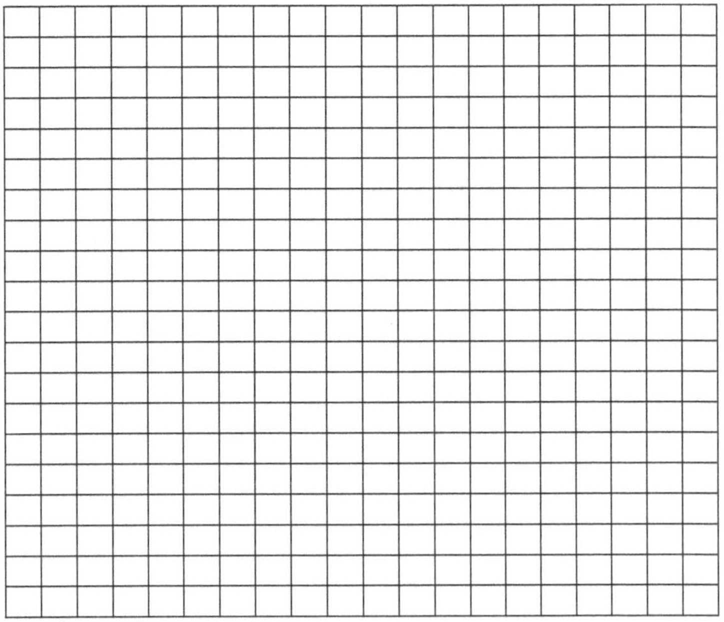

Notes:

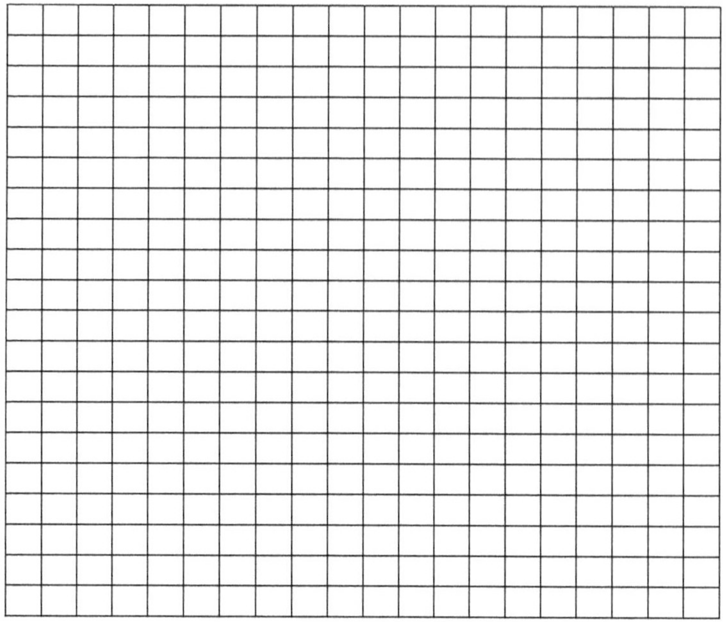

Notes:

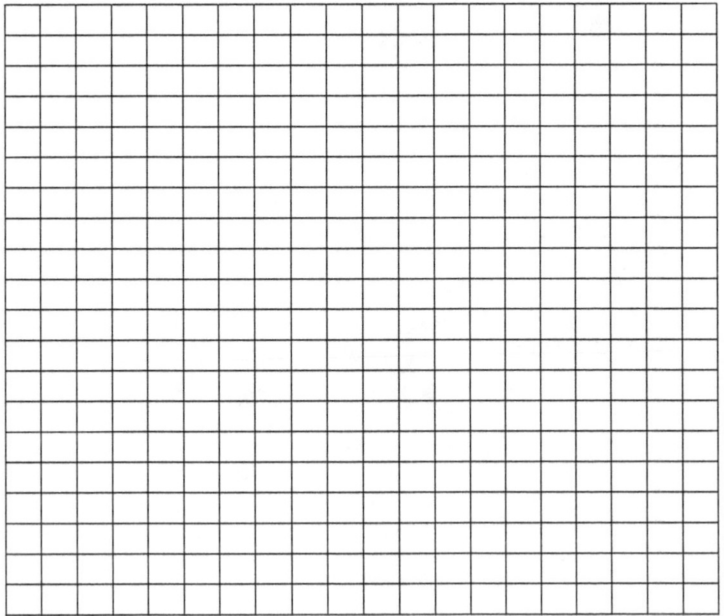

Notes:

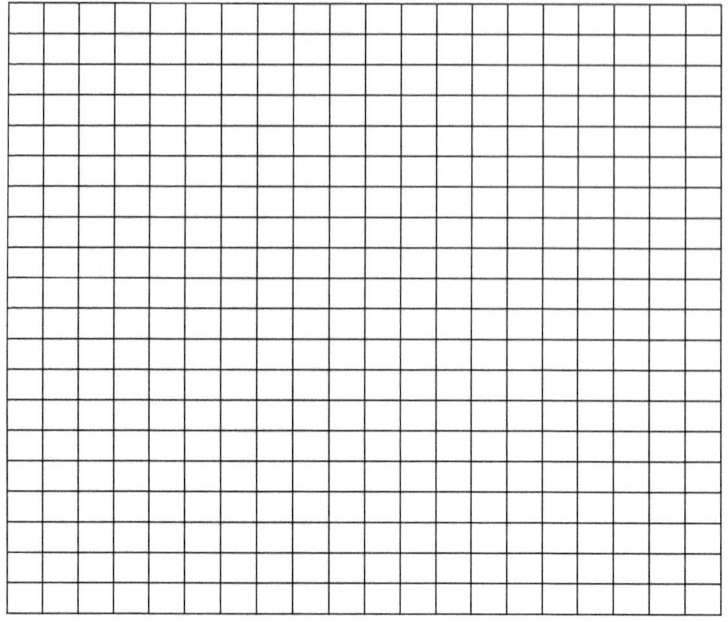

Notes:

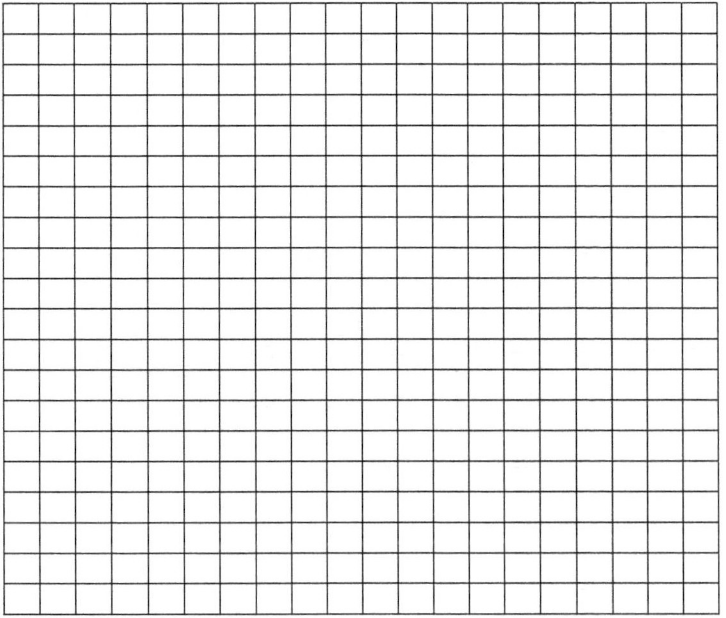

Notes:

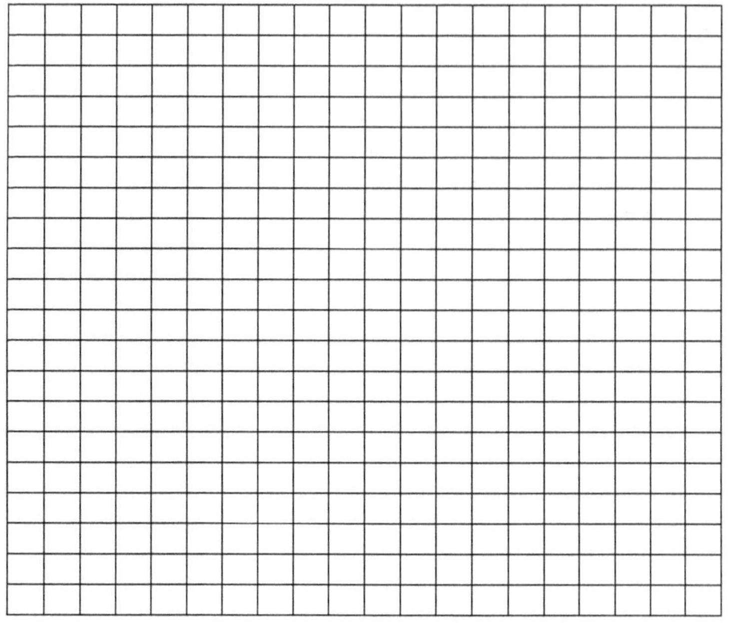

Notes:

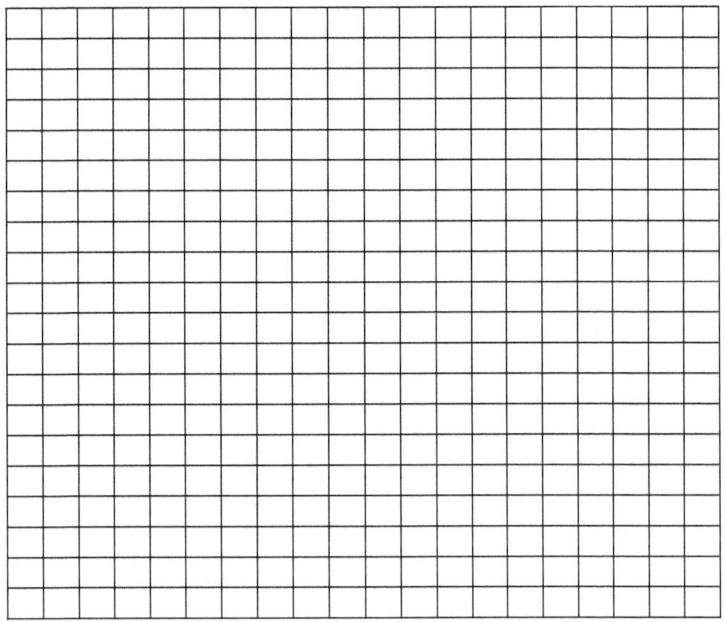

Notes:

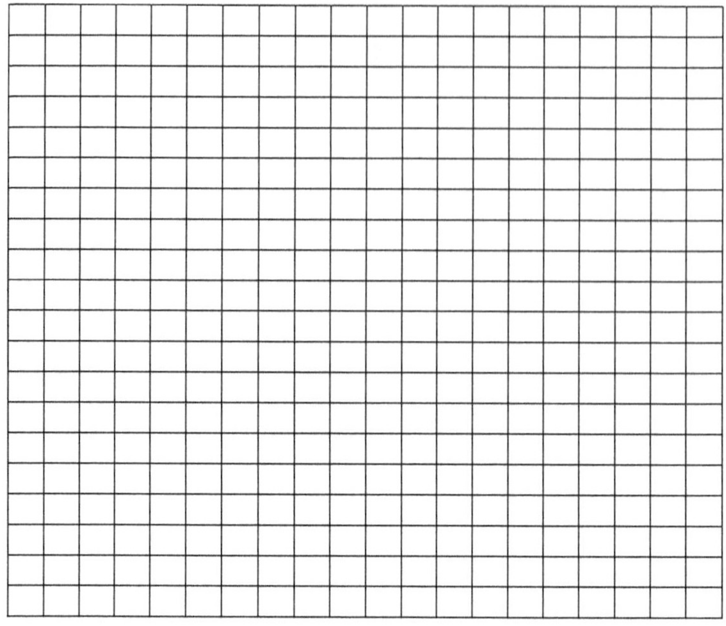

Notes:

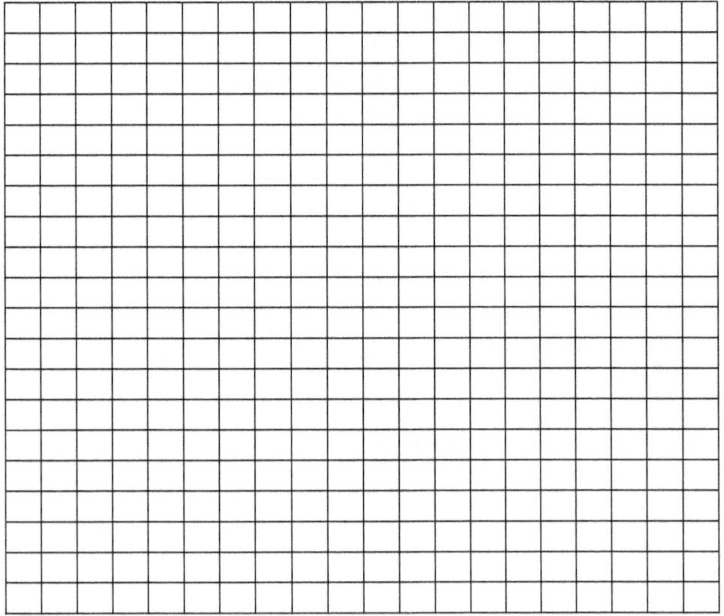

Notes:

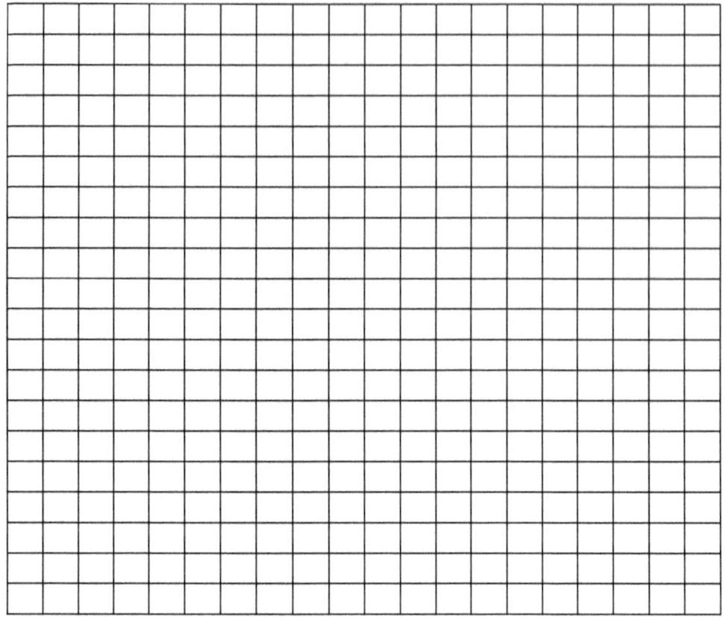

Notes:

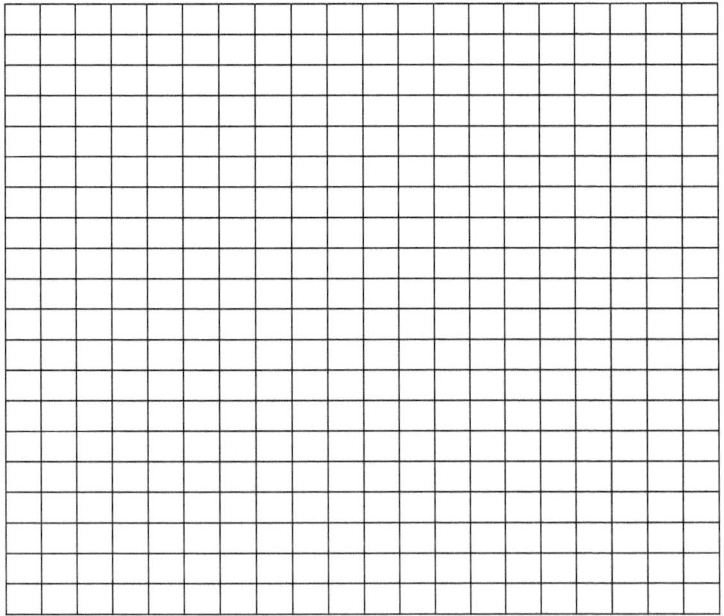

Notes:

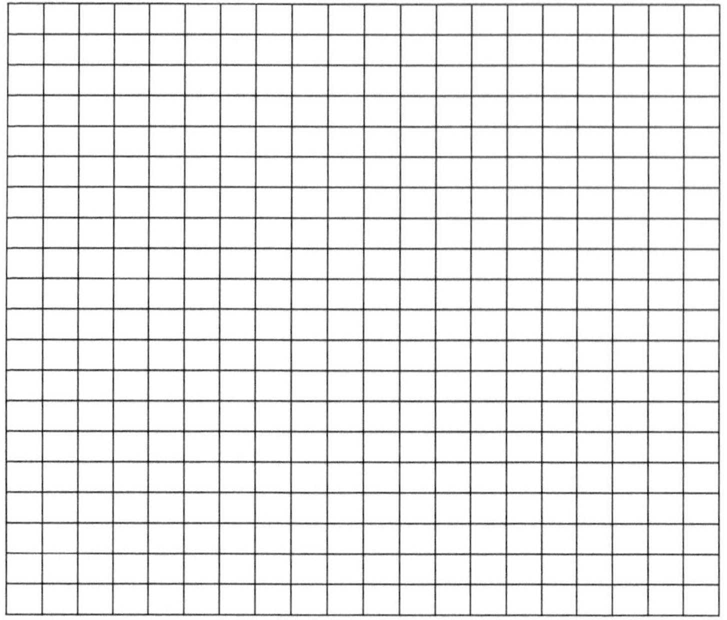

Notes:

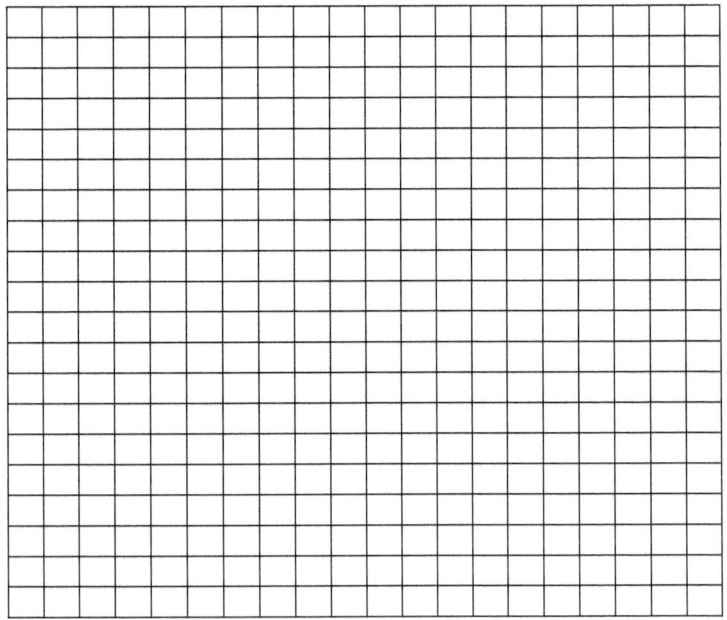

Notes:

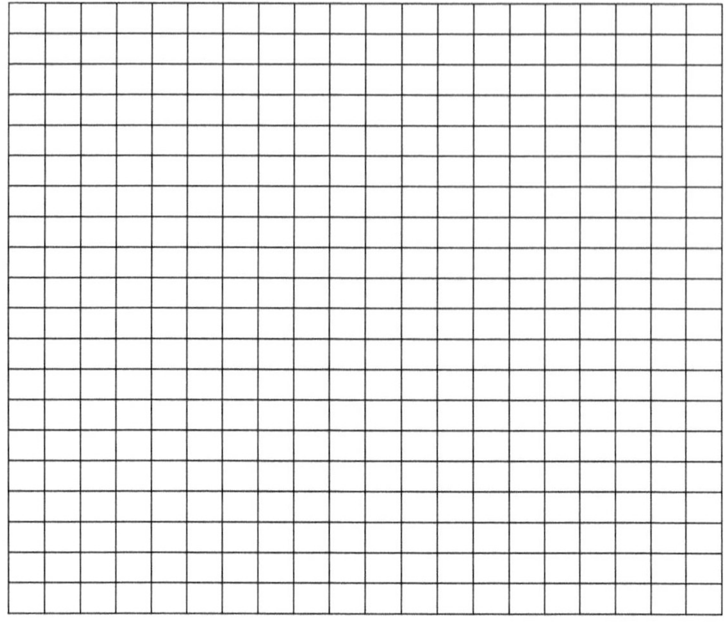

Notes:

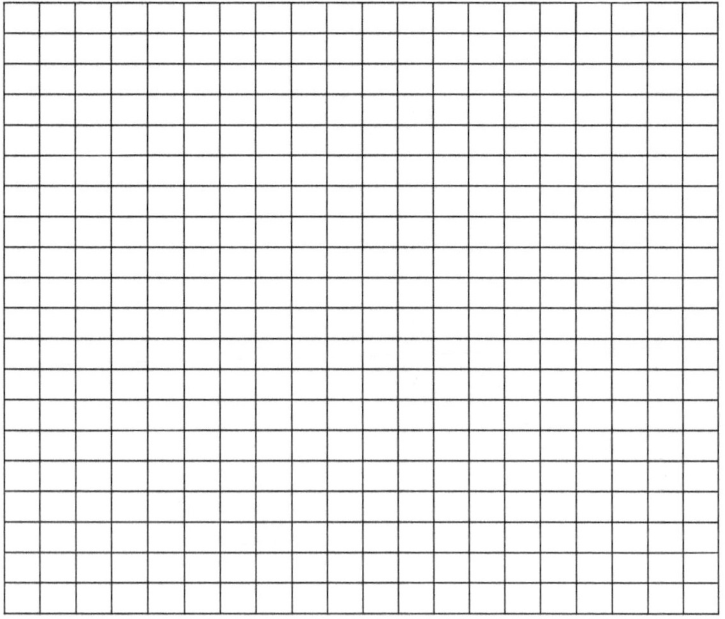

Notes:

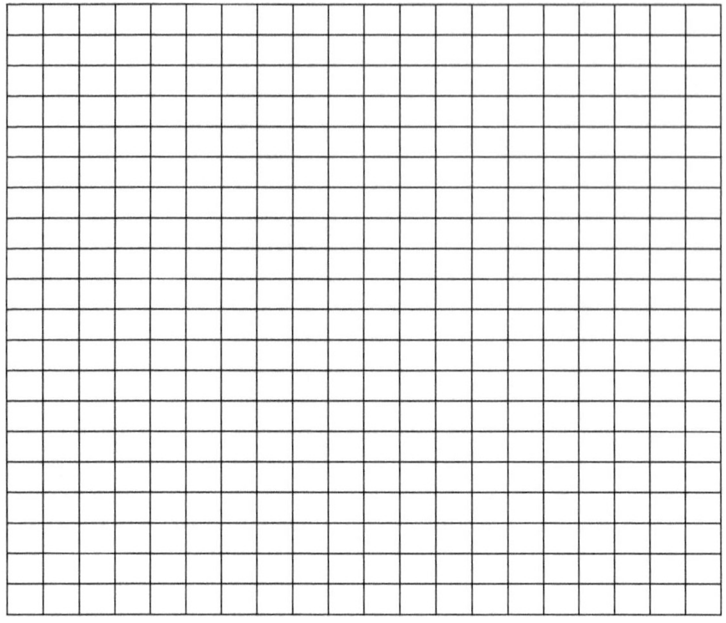

Notes:

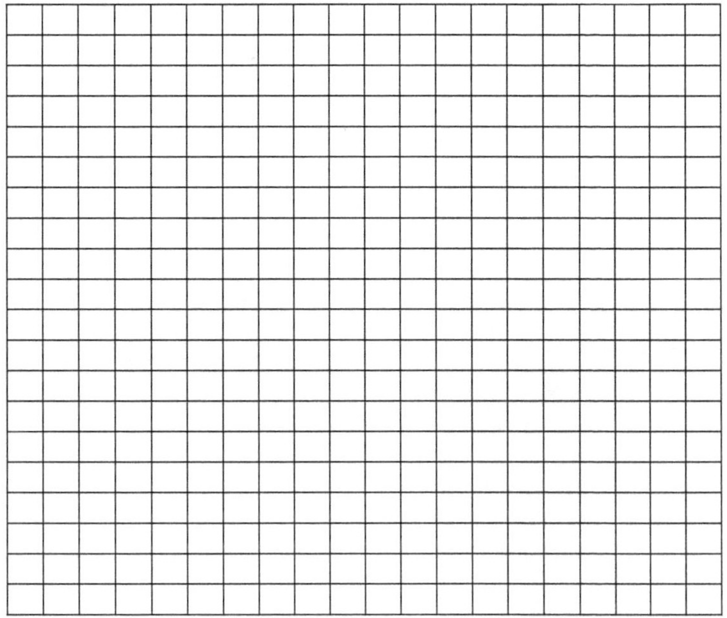

Notes:

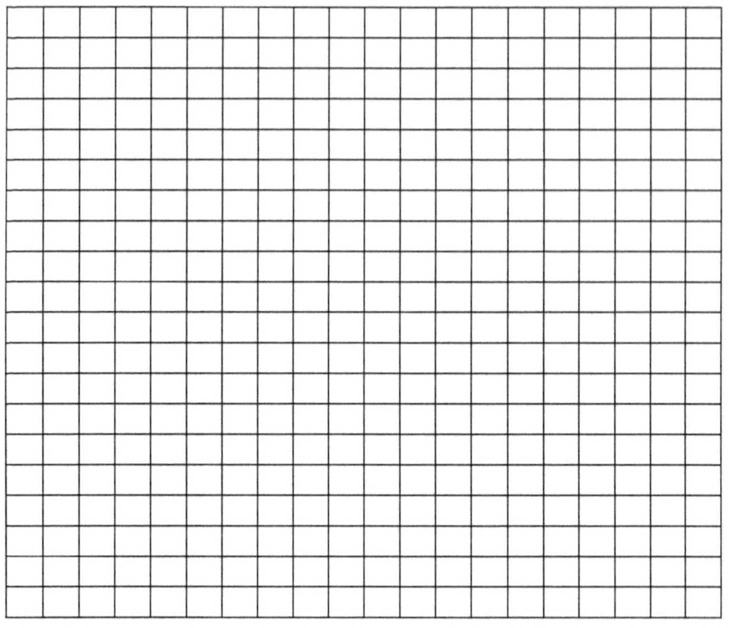

Notes:

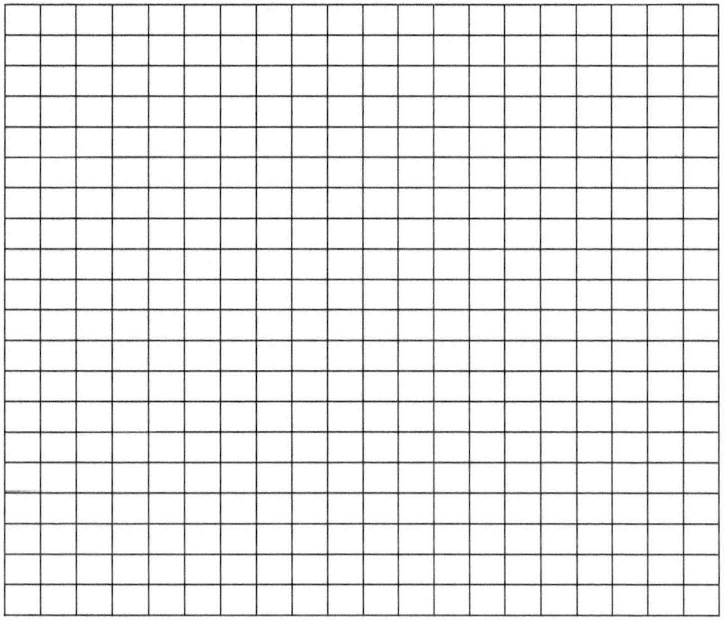

Notes:

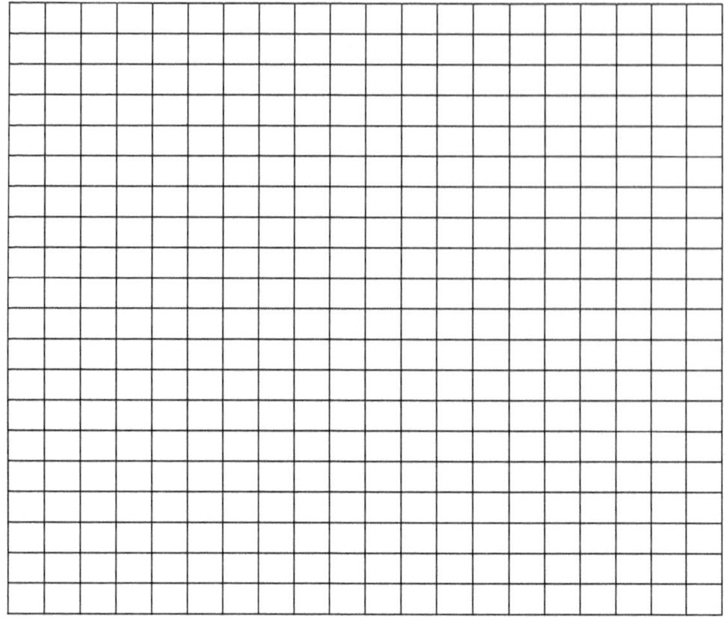

Notes:

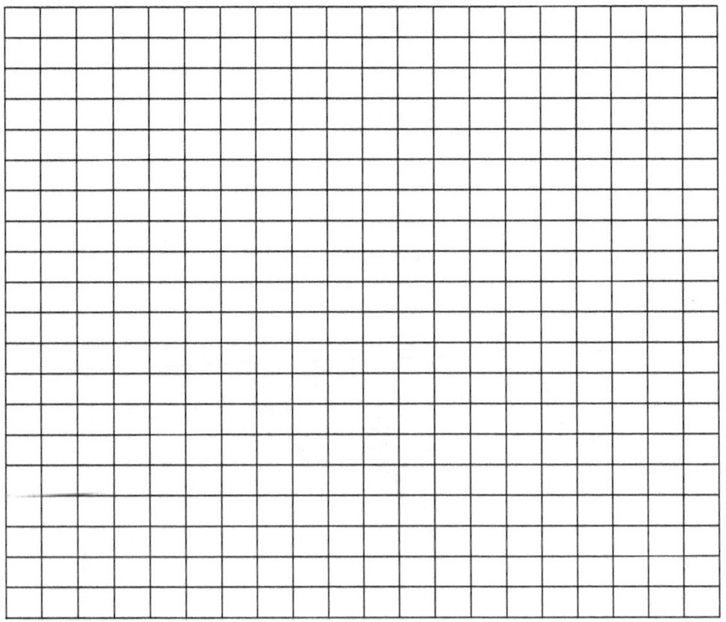

Notes:

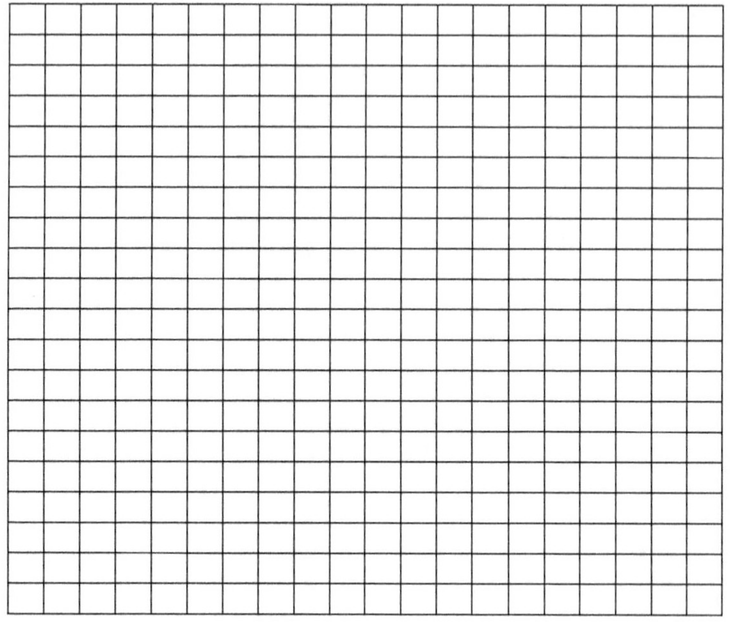

Notes:

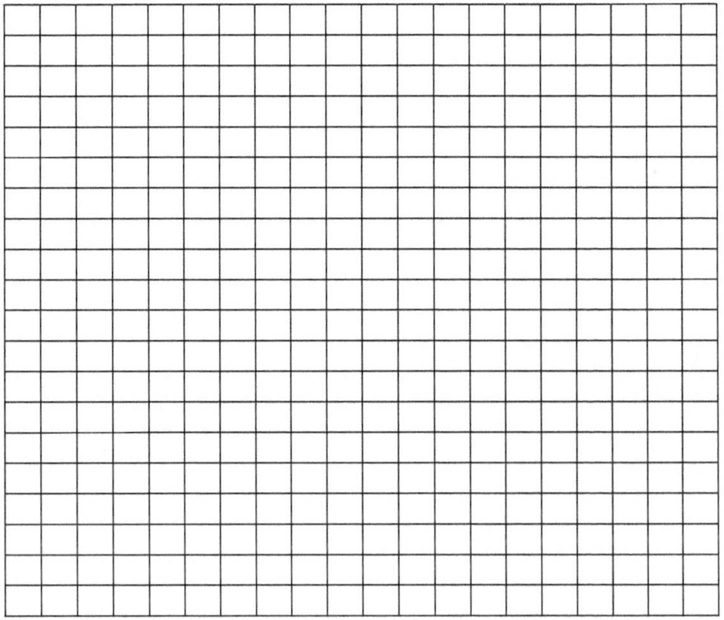

Notes:

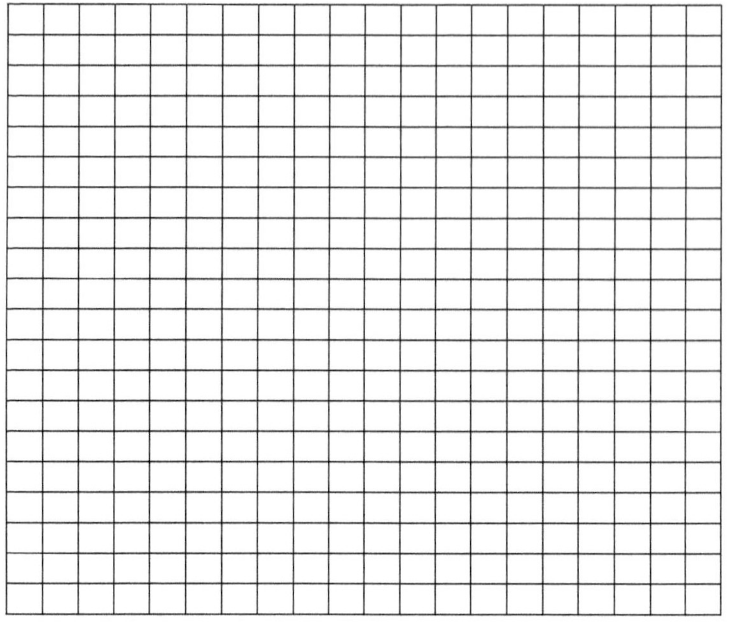

Notes:

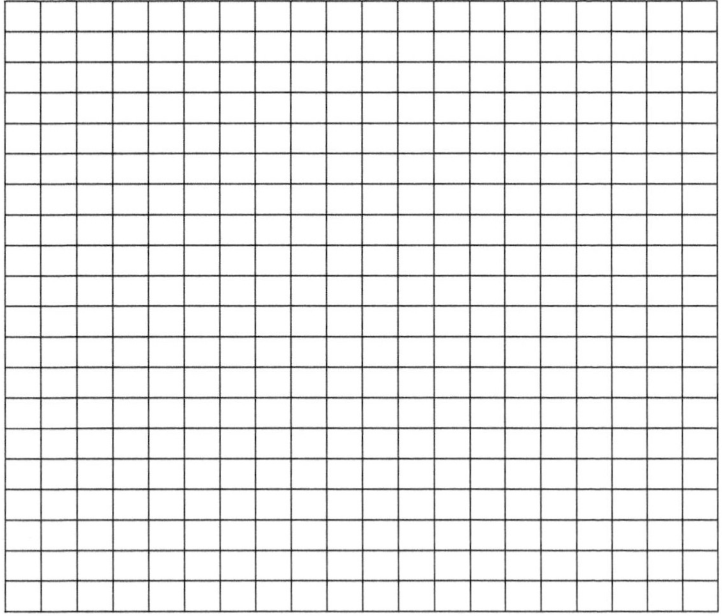

Notes:

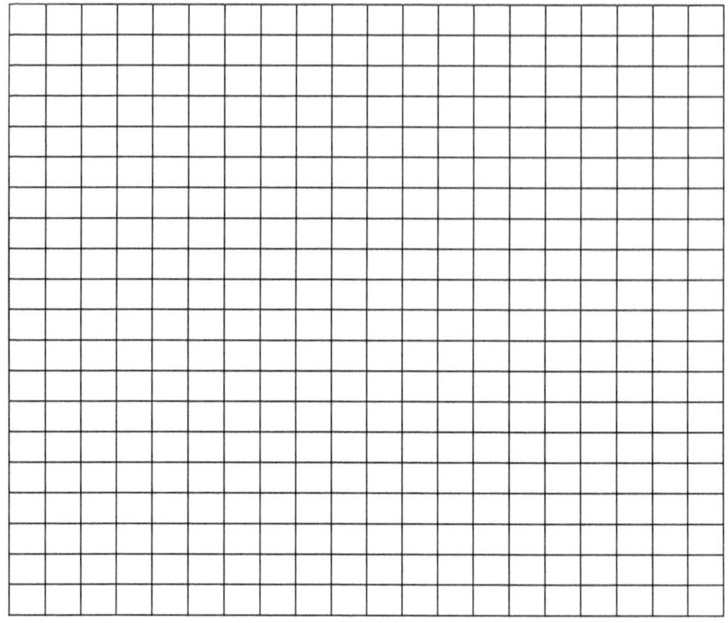

Notes:

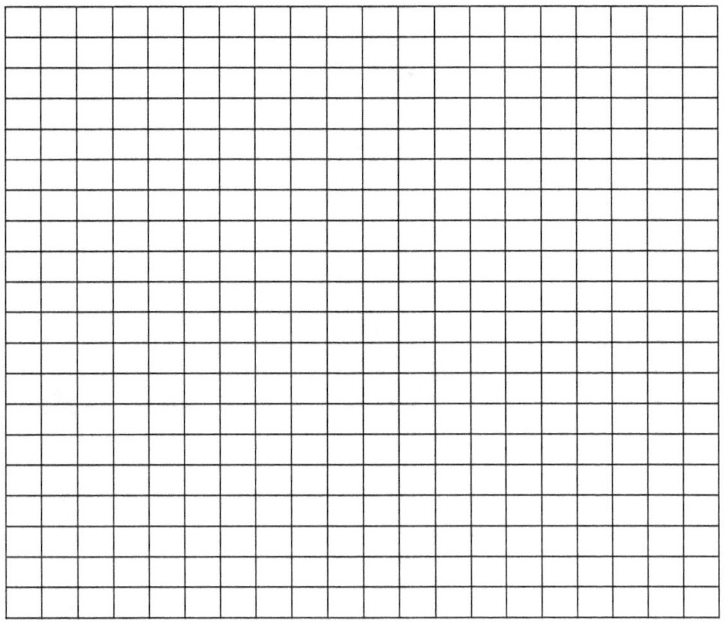

Notes:

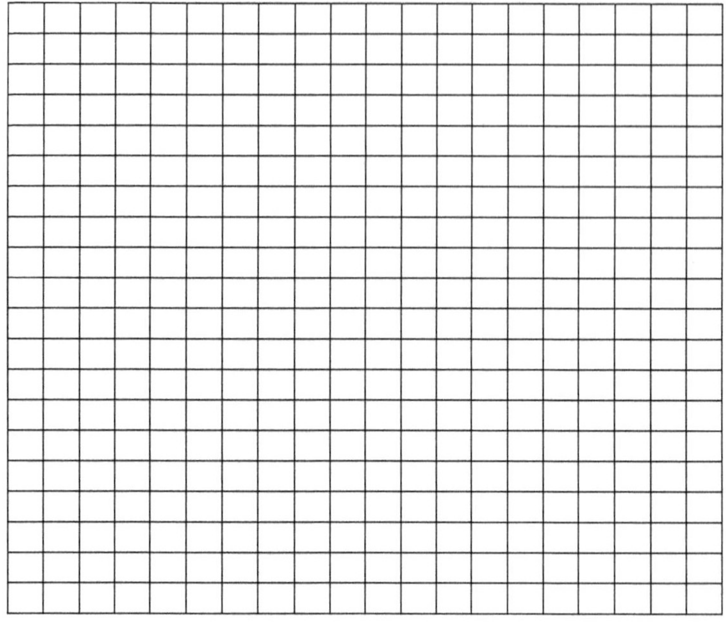

Notes:

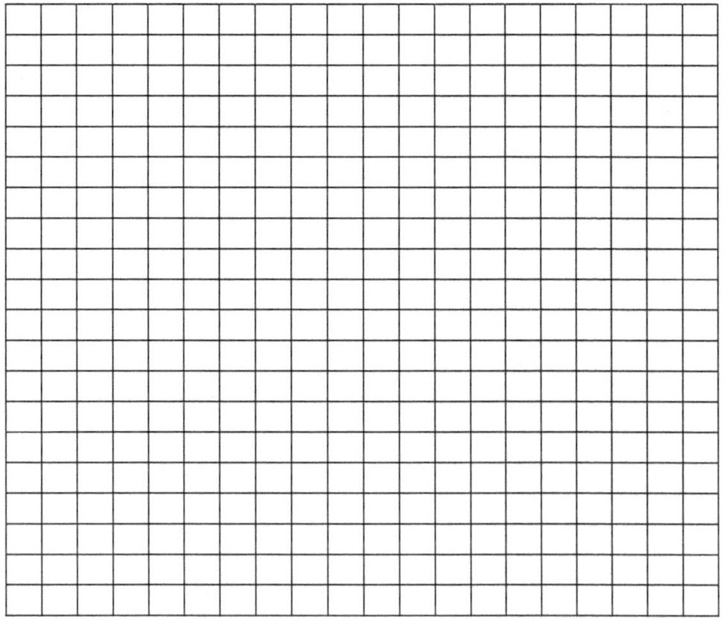

Notes:

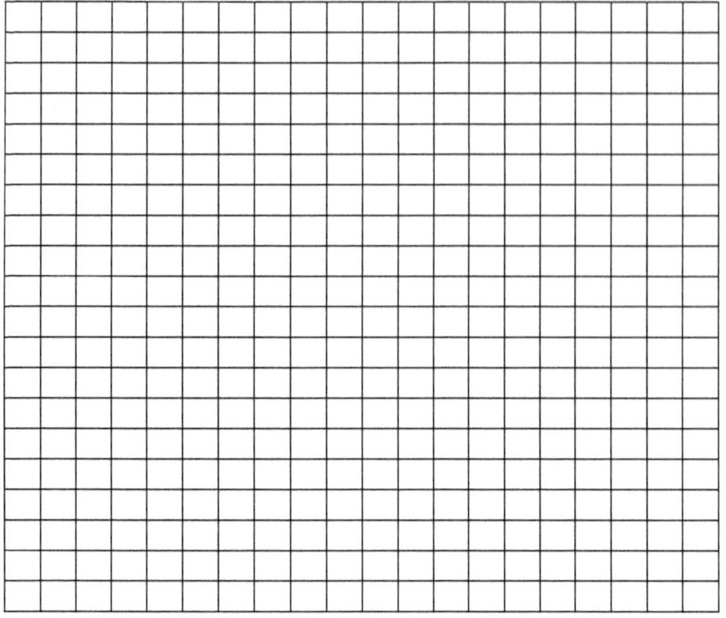

Notes:

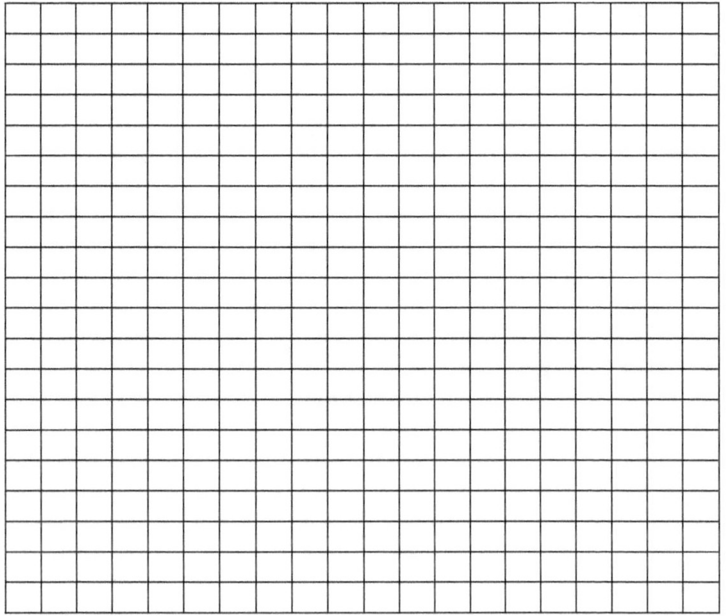

Notes:

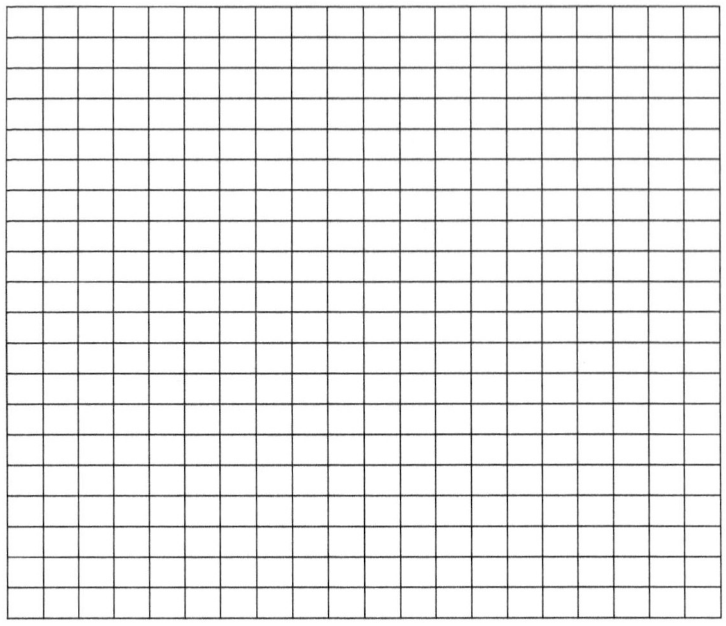

Notes:

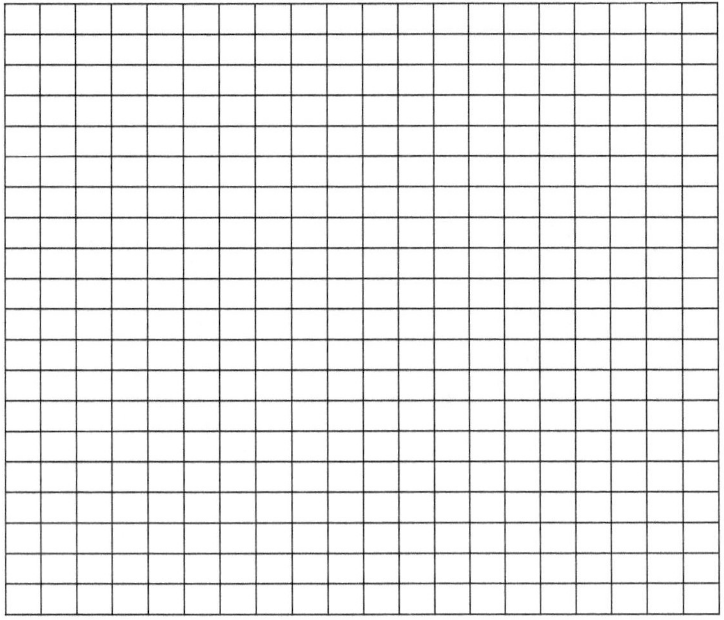

Notes:

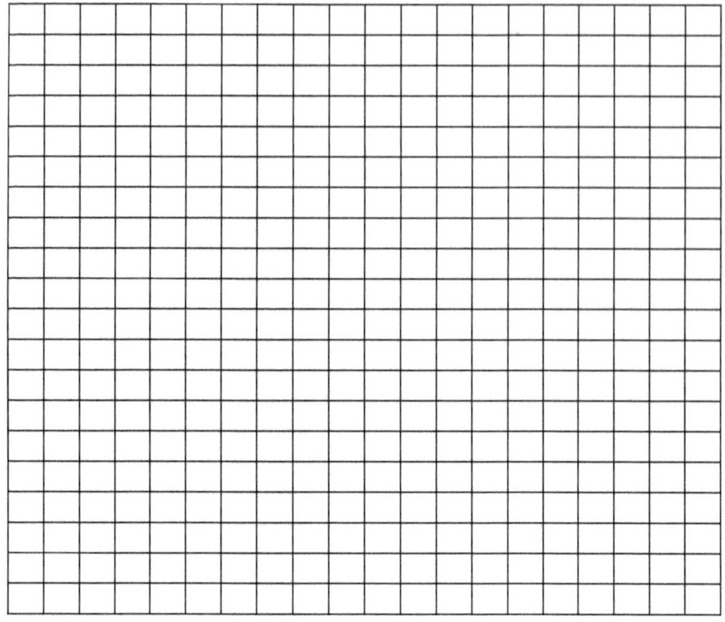

Notes:

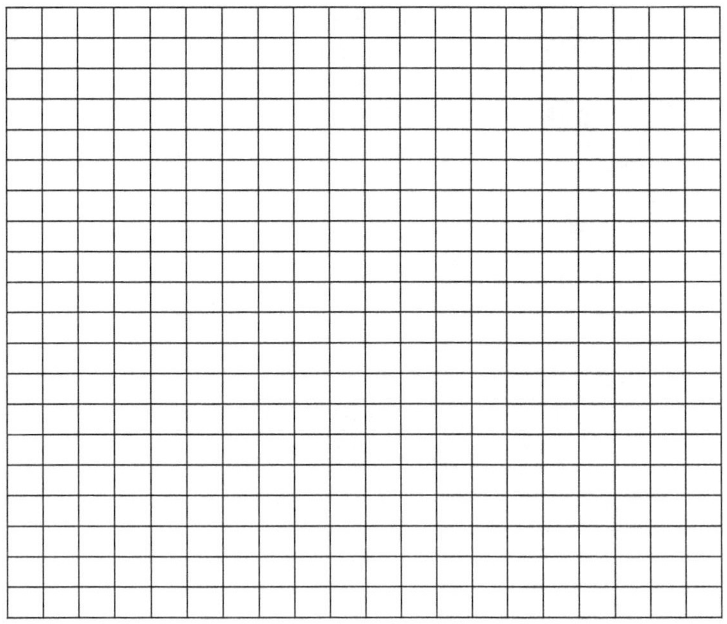

Notes:

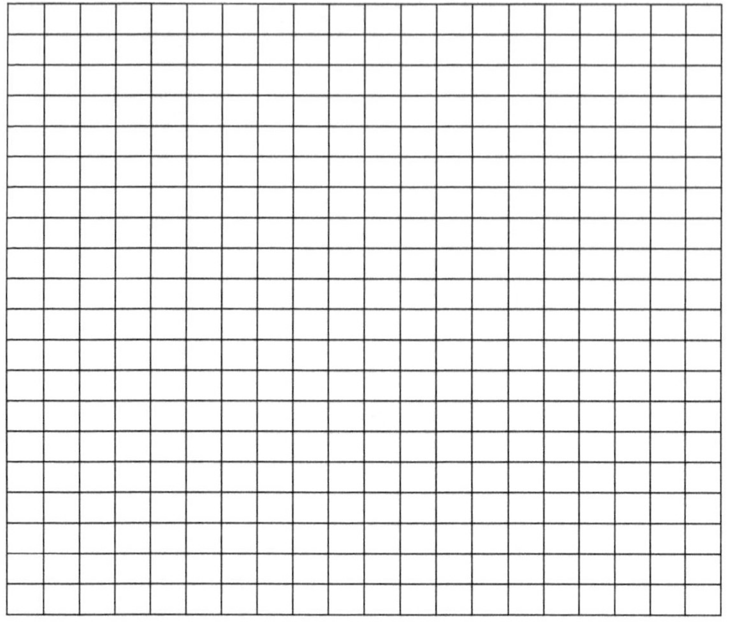

Notes:

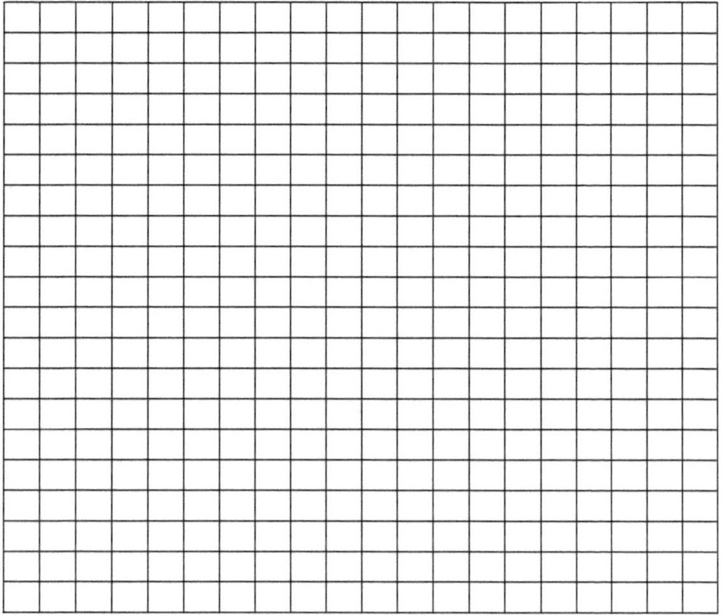

Notes:

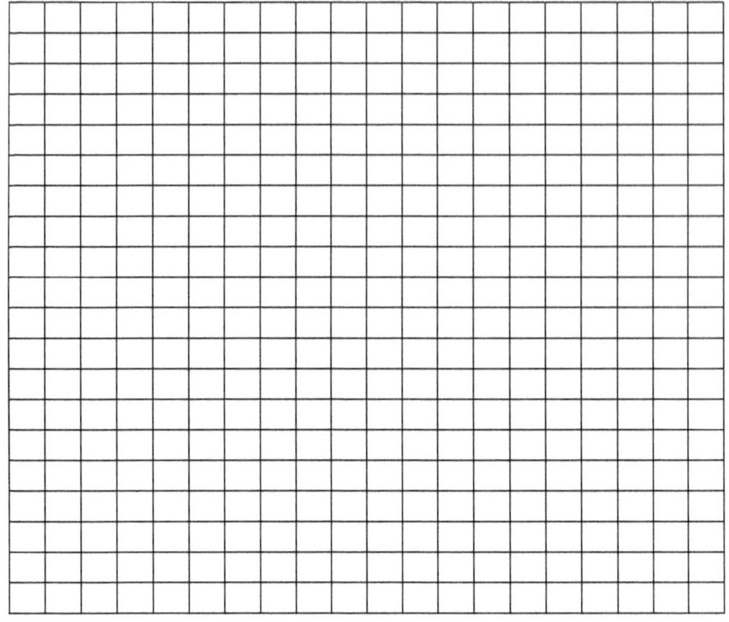

Notes:

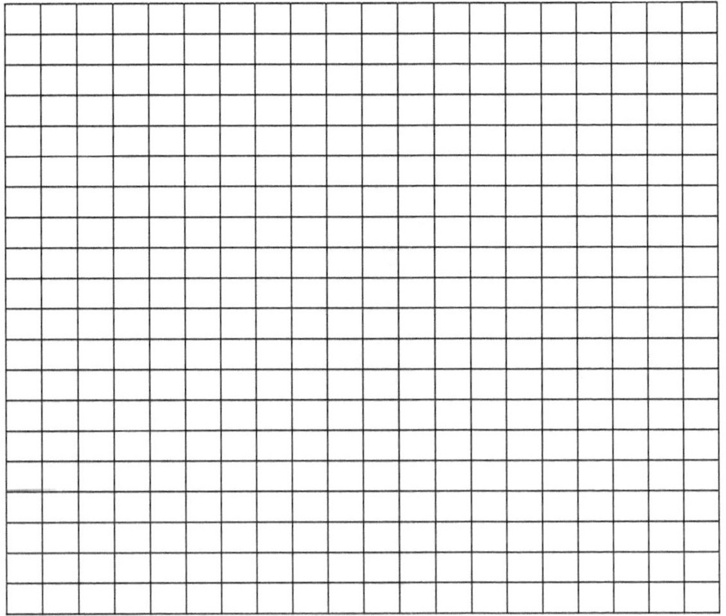

Notes:

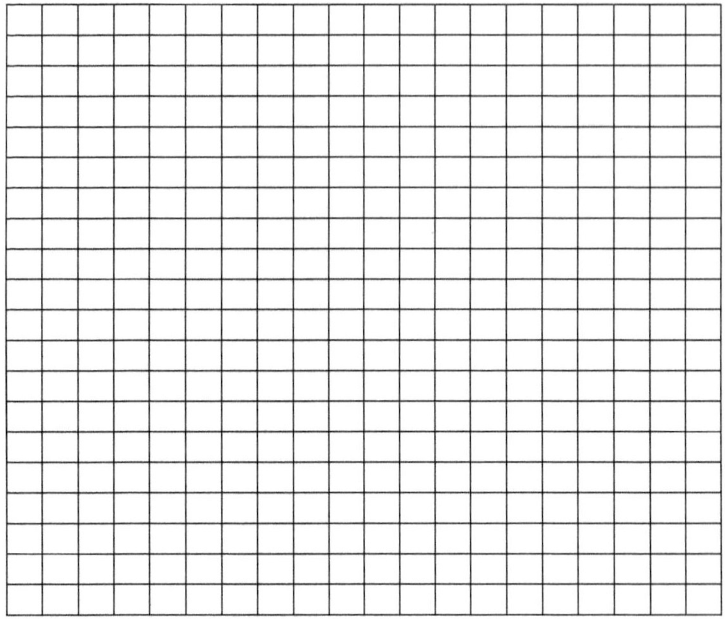

Notes:

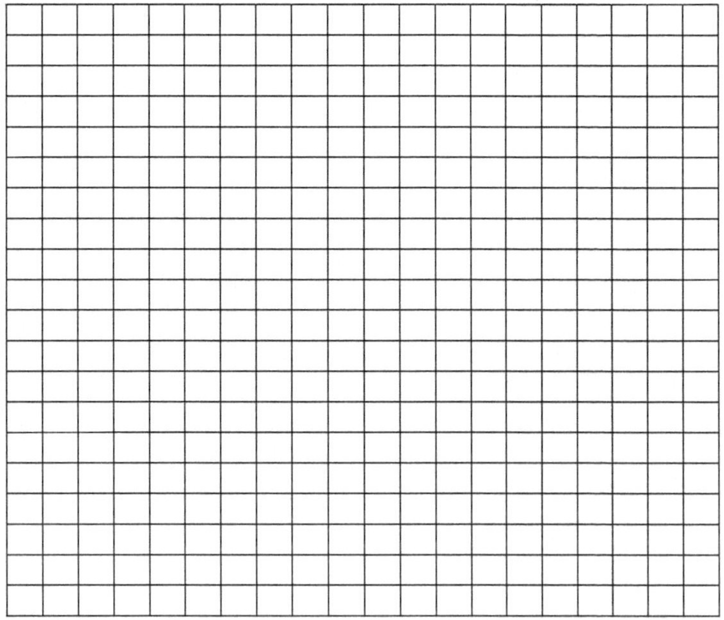

Notes:

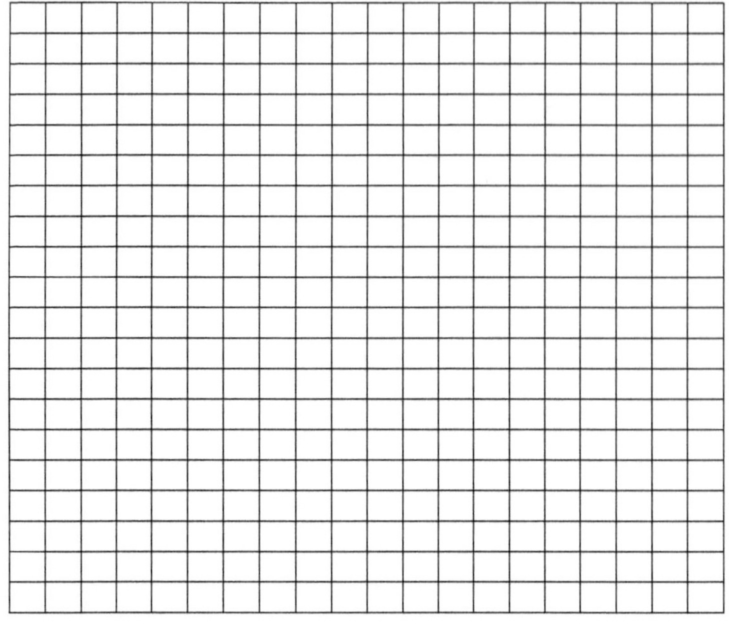

Notes:

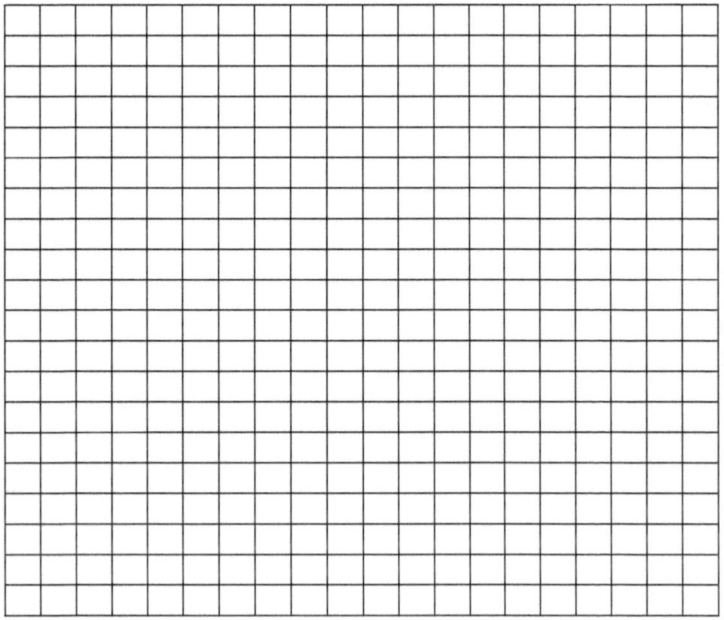

Notes:

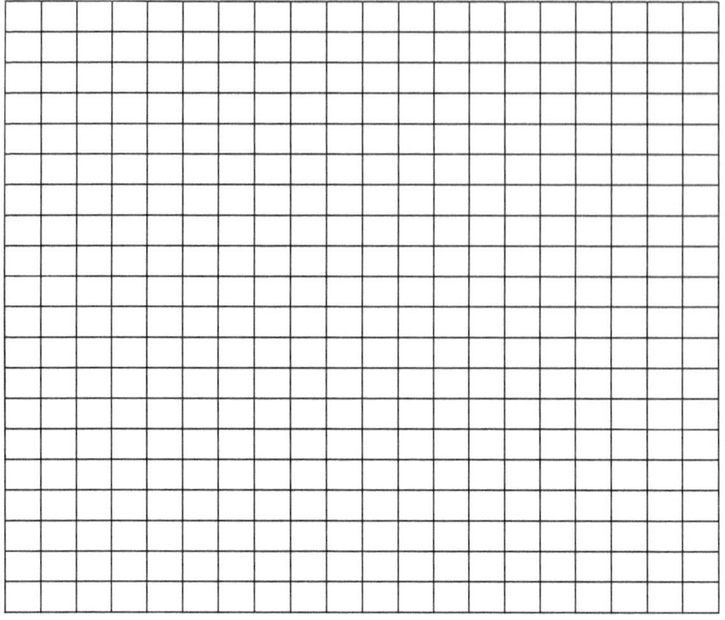

Notes:

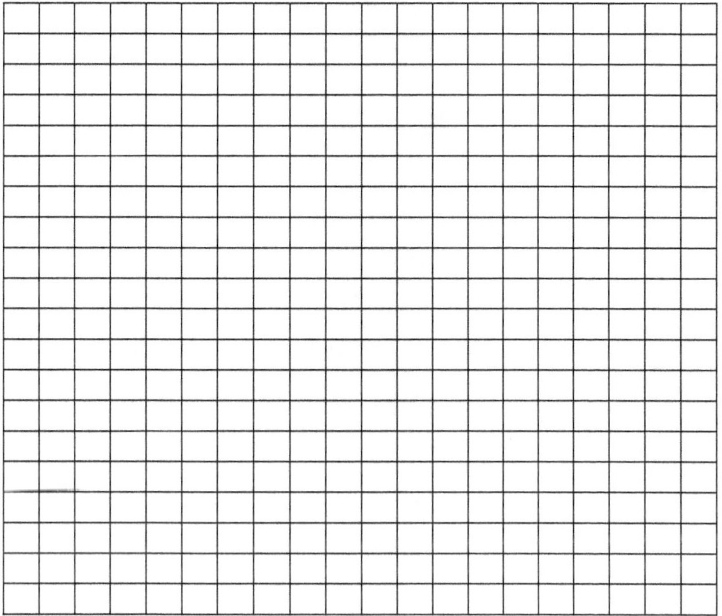

Notes:

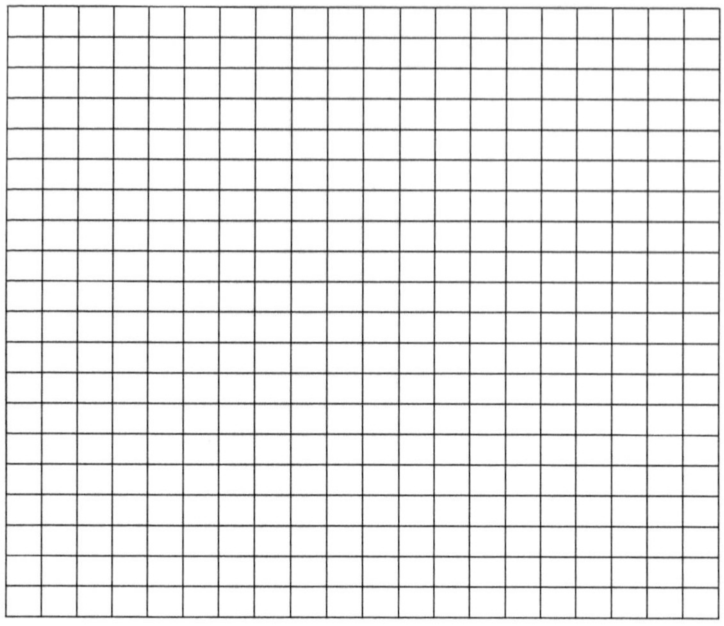

Notes:

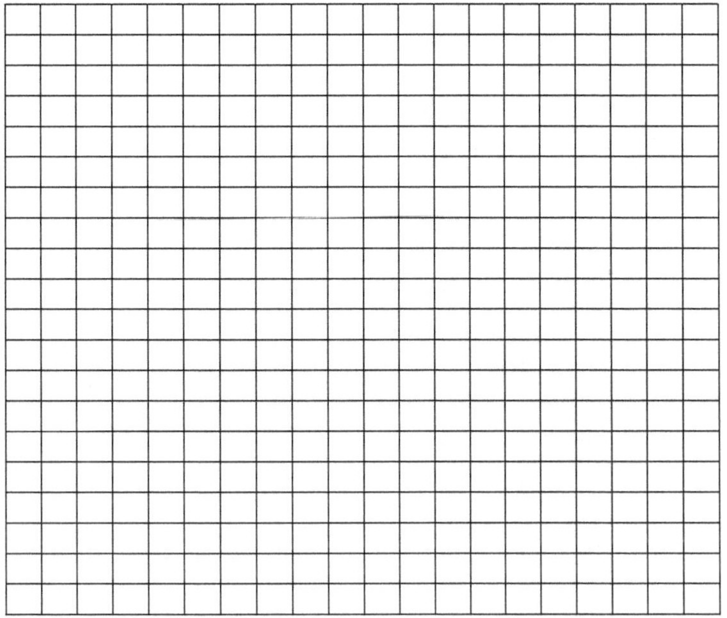

Notes:

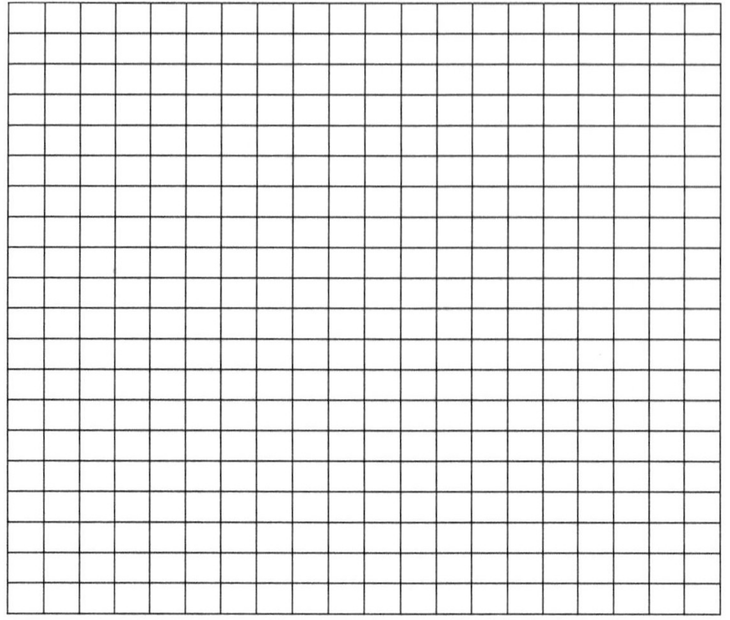

Notes:

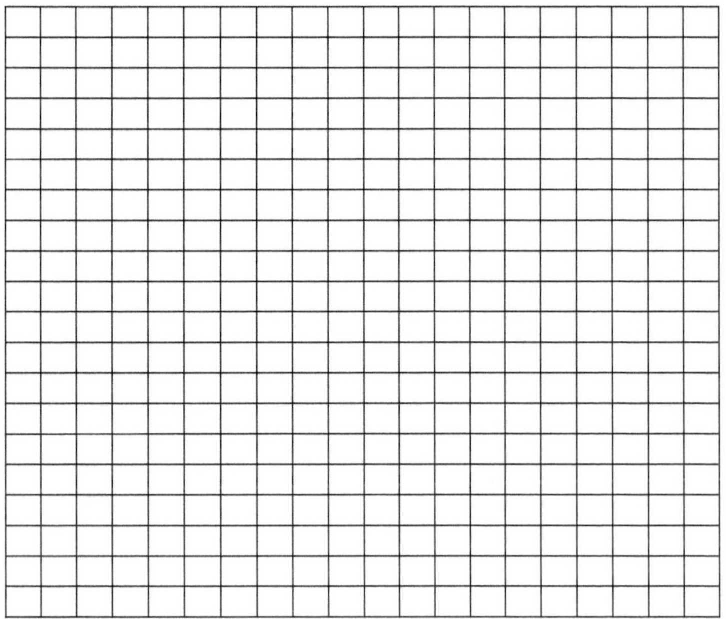

Notes:

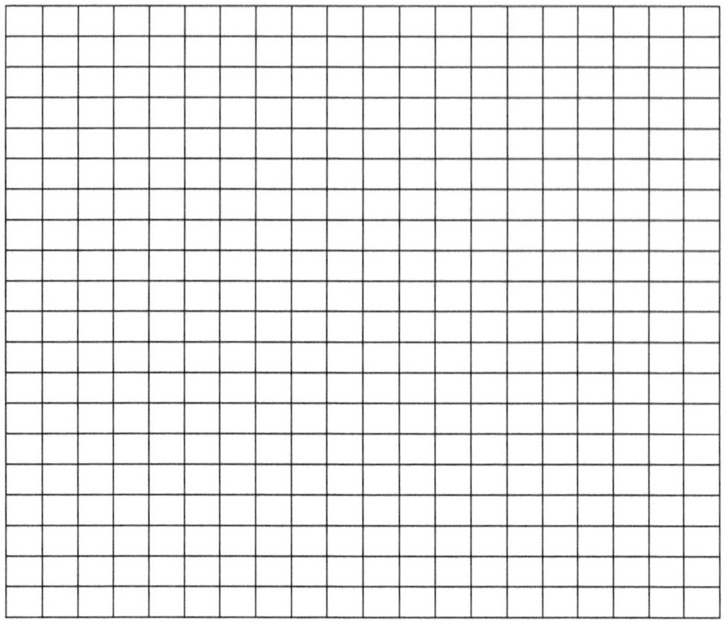

Notes:

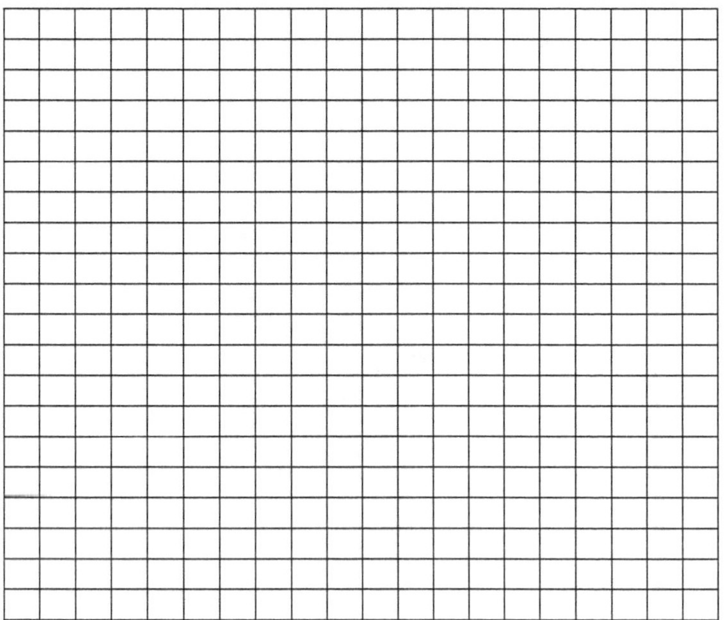

Notes:

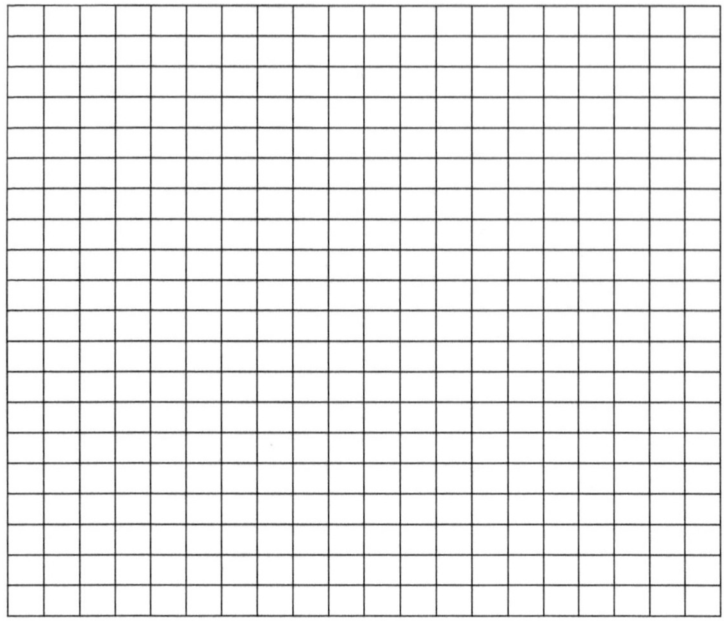

Notes:

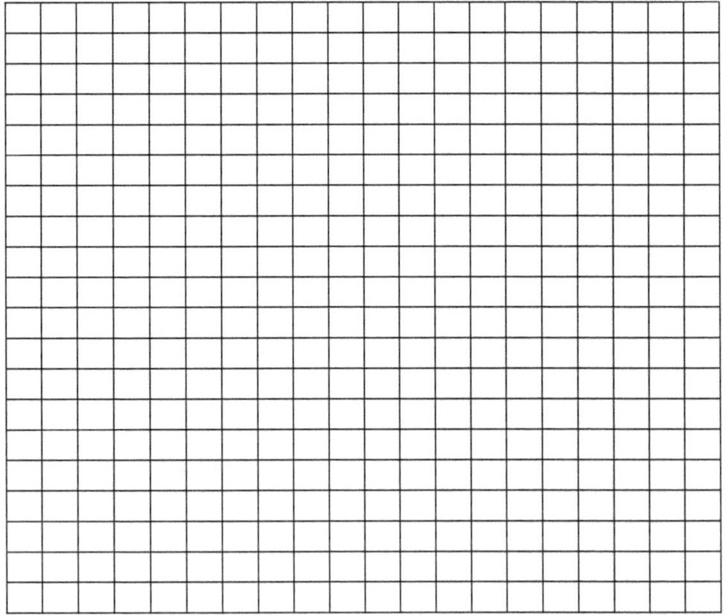

Notes:

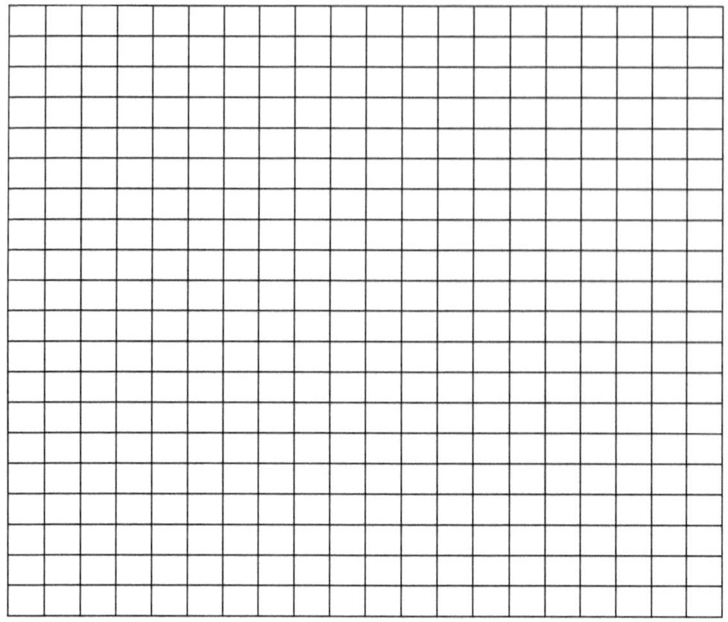

Notes:

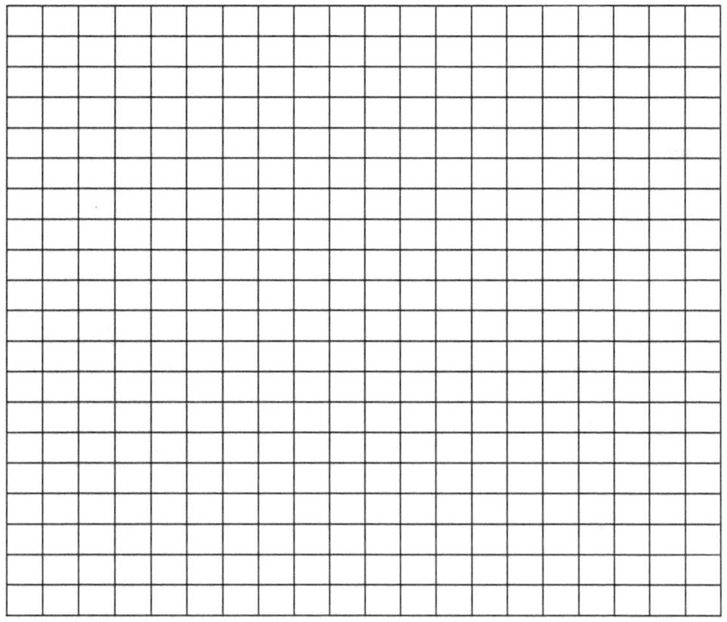

Notes:

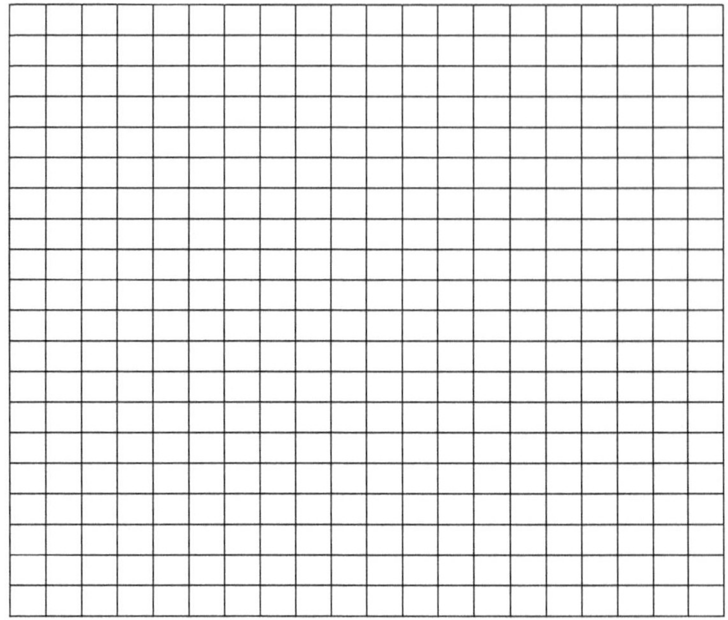

Notes:

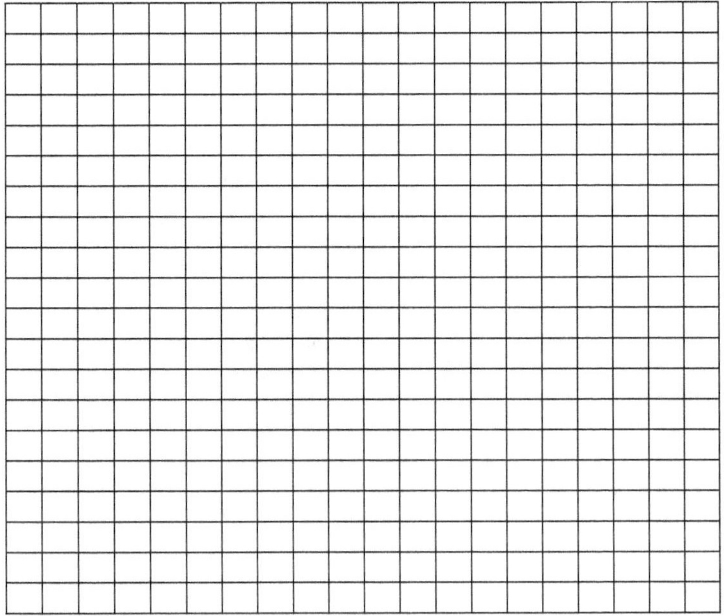

Notes:

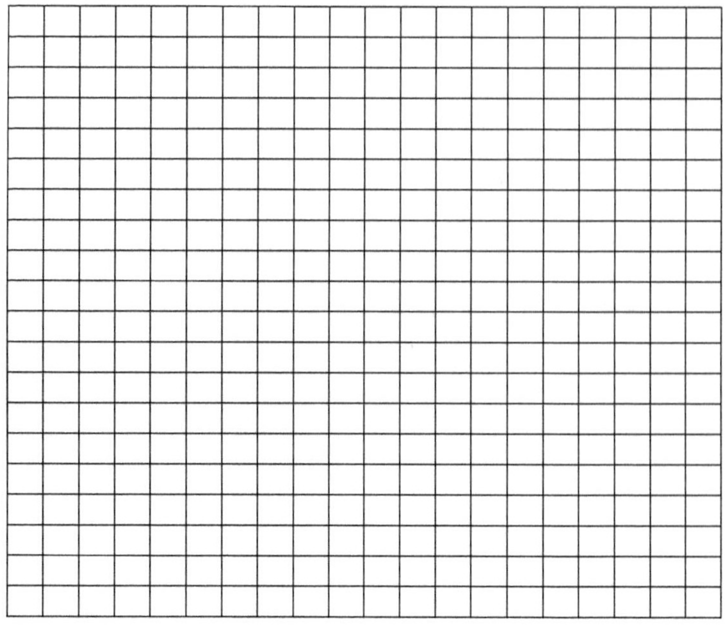

Notes:

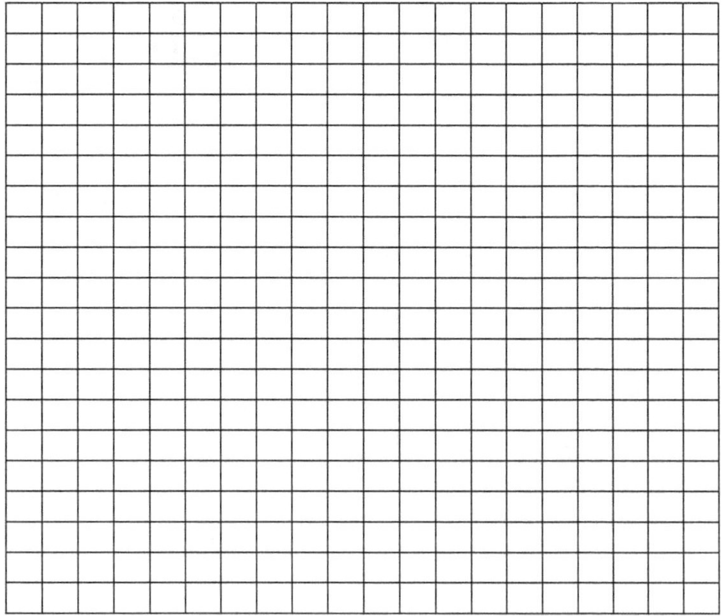

Notes:

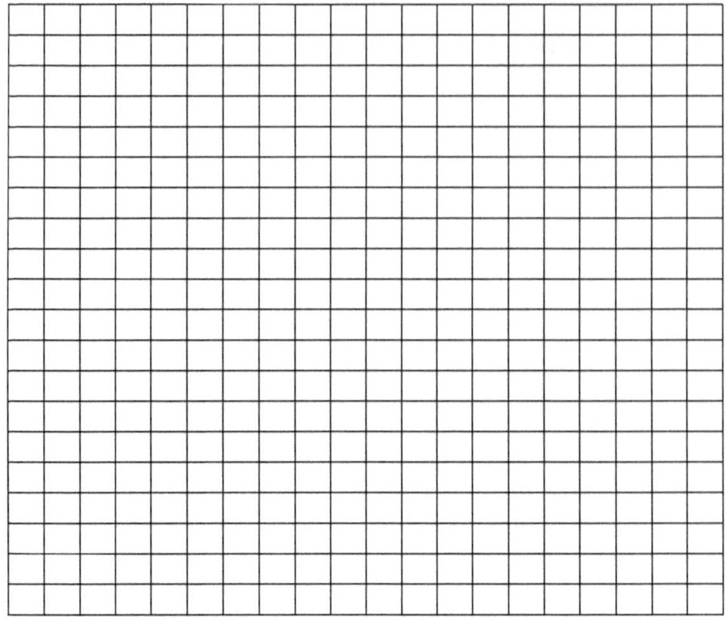

Notes:

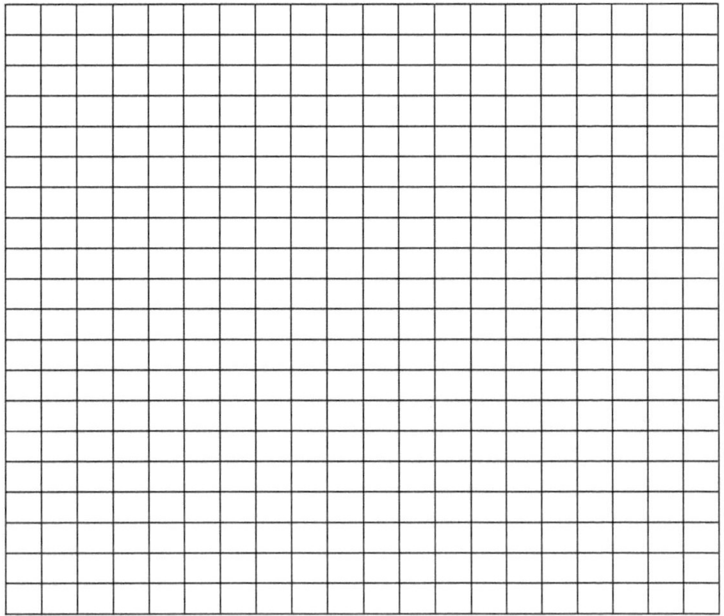

Notes:

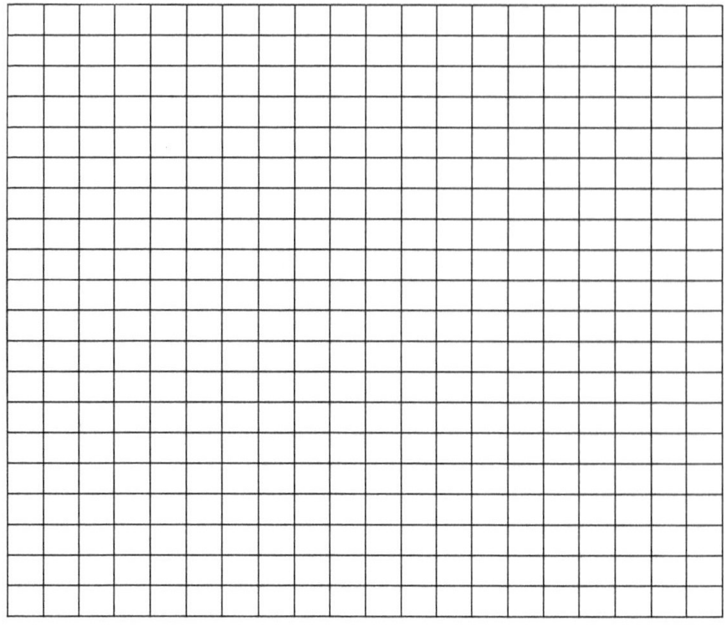

Notes:

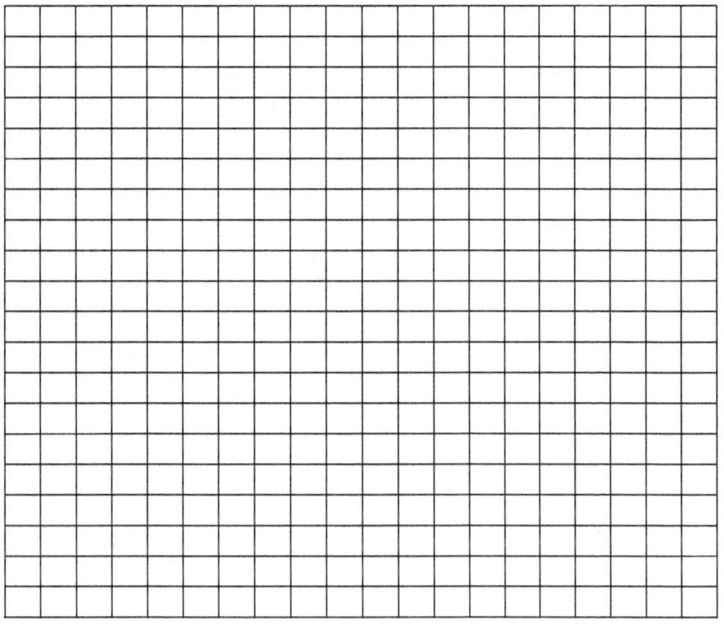

Notes:

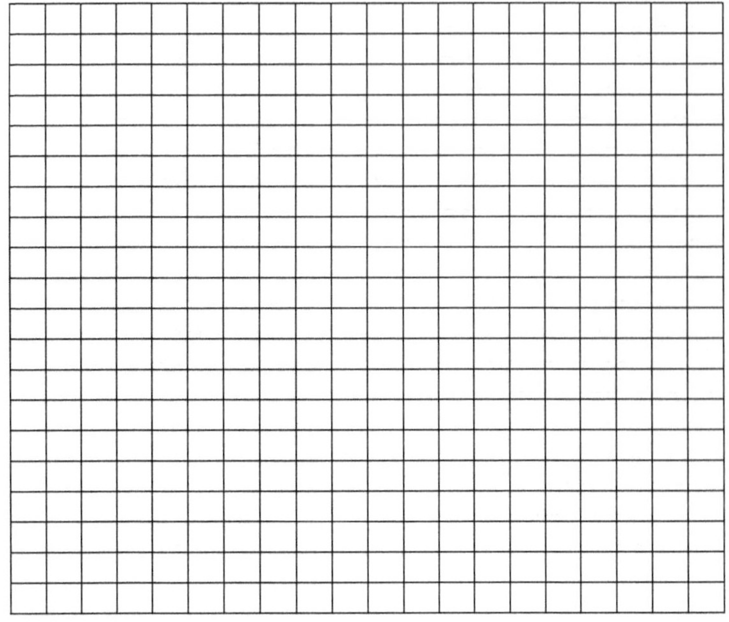

Notes:

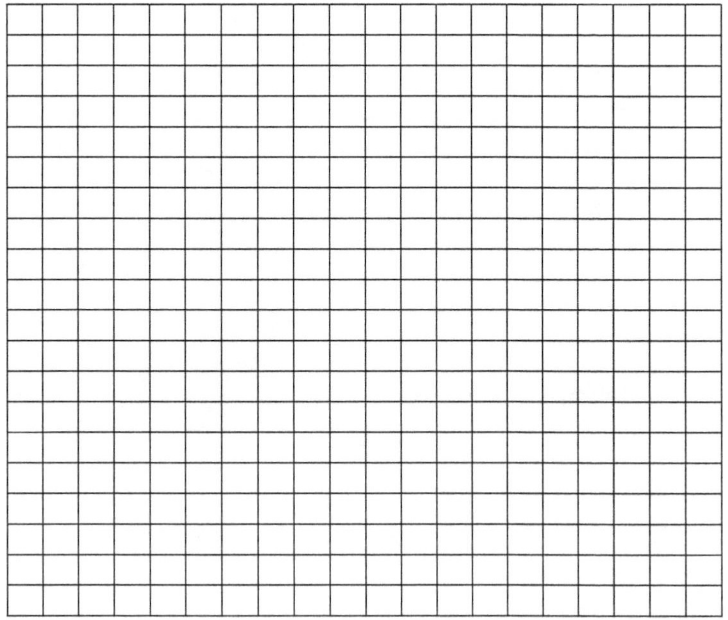

Notes:

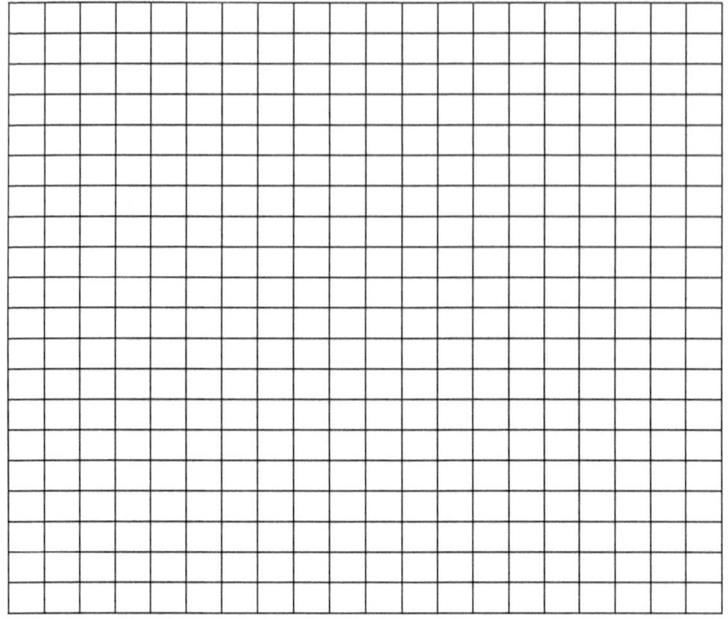

Notes:

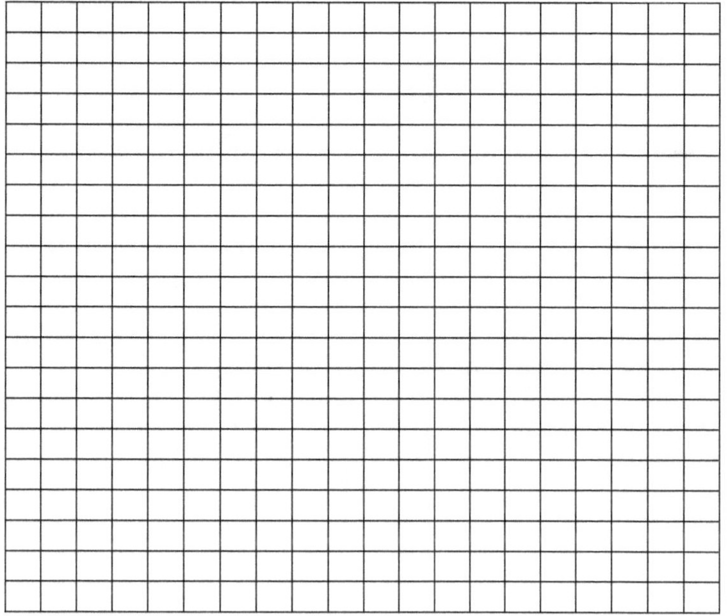

Notes:

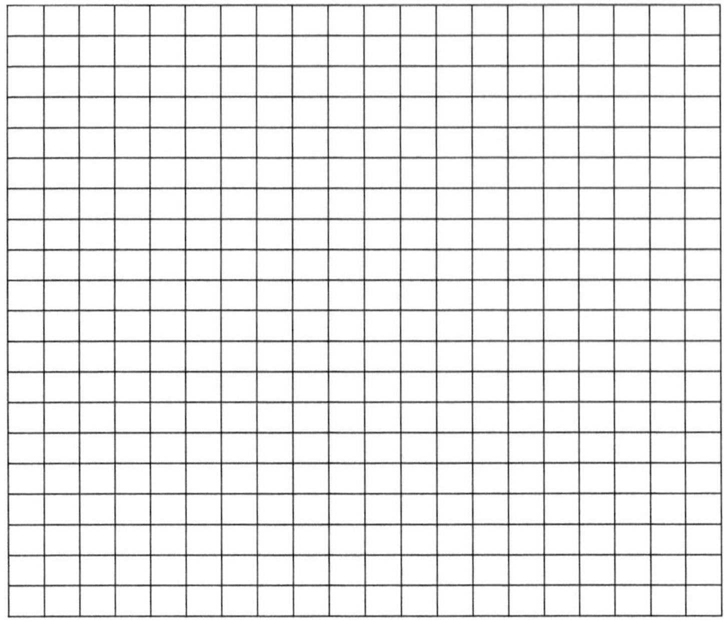

Notes:

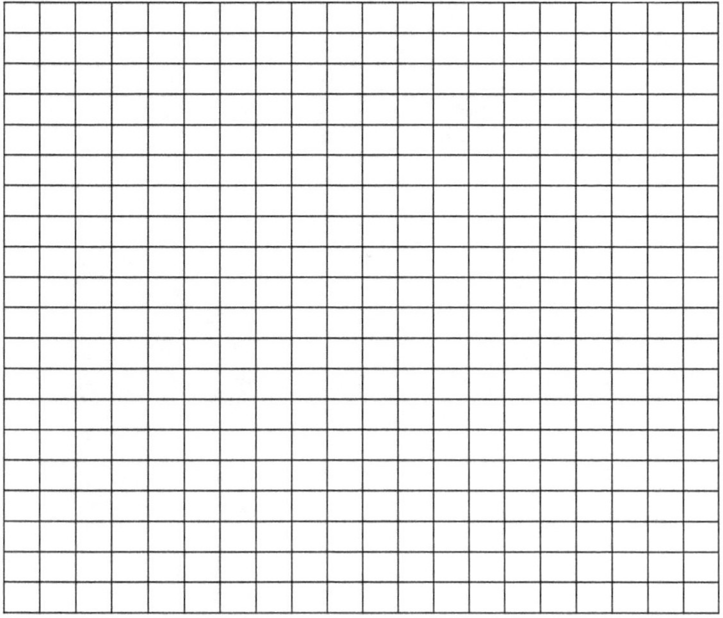

Notes:

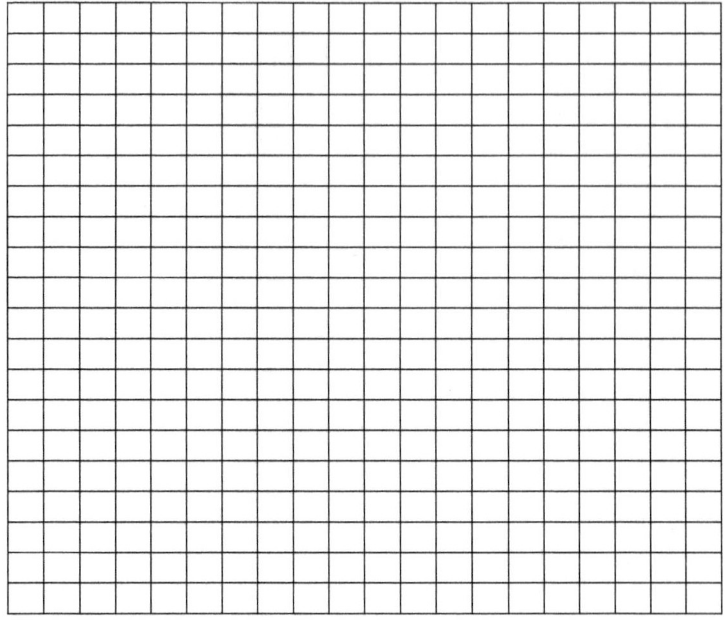

Notes:

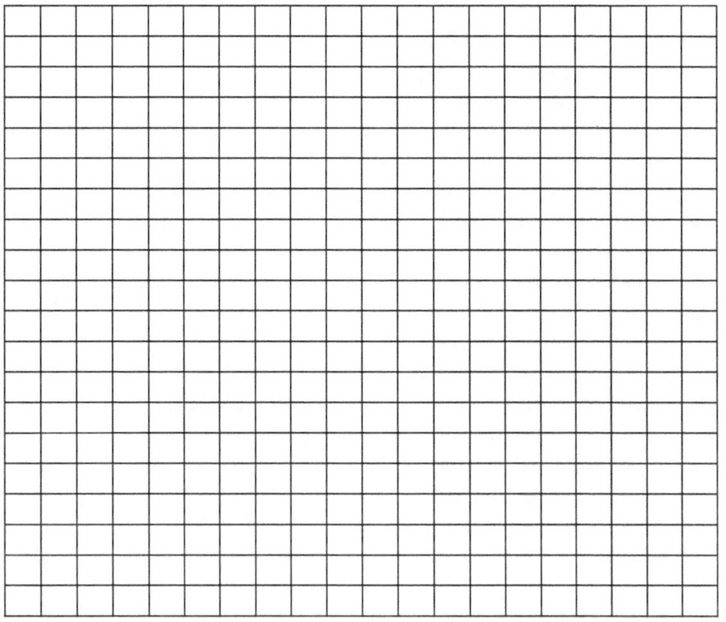

Notes:

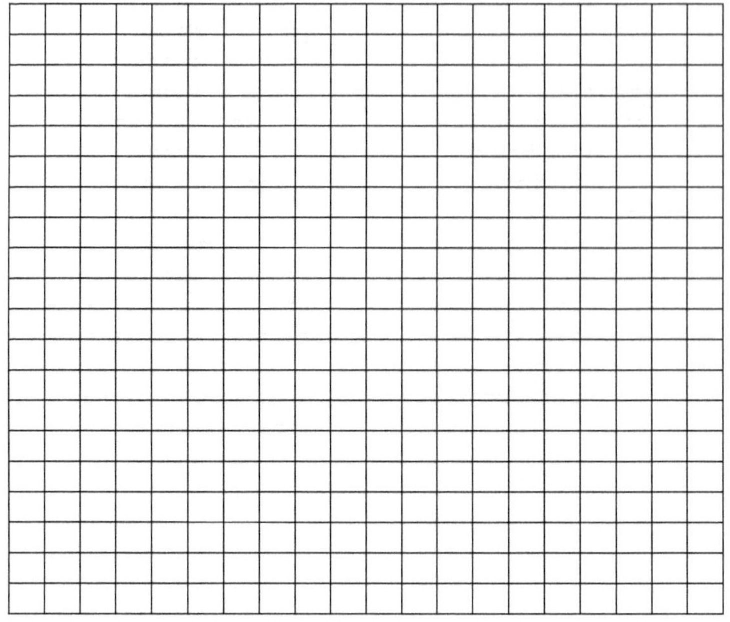

Notes:

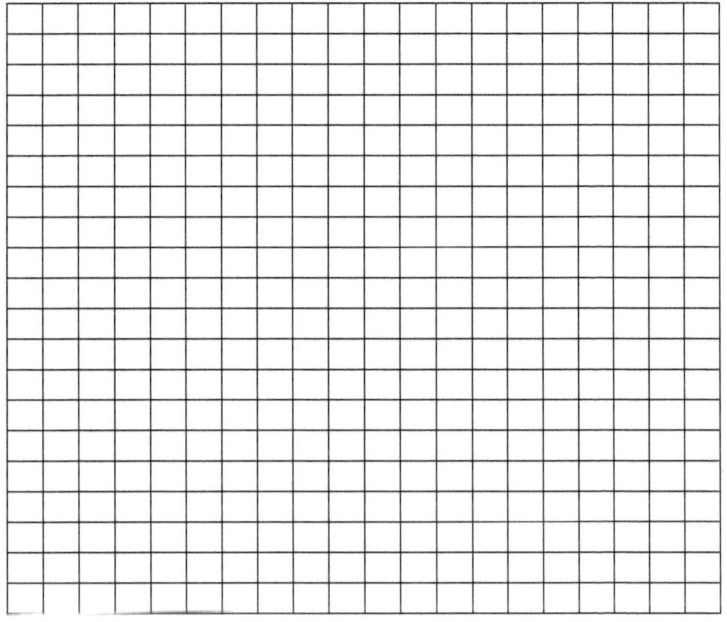

Notes:

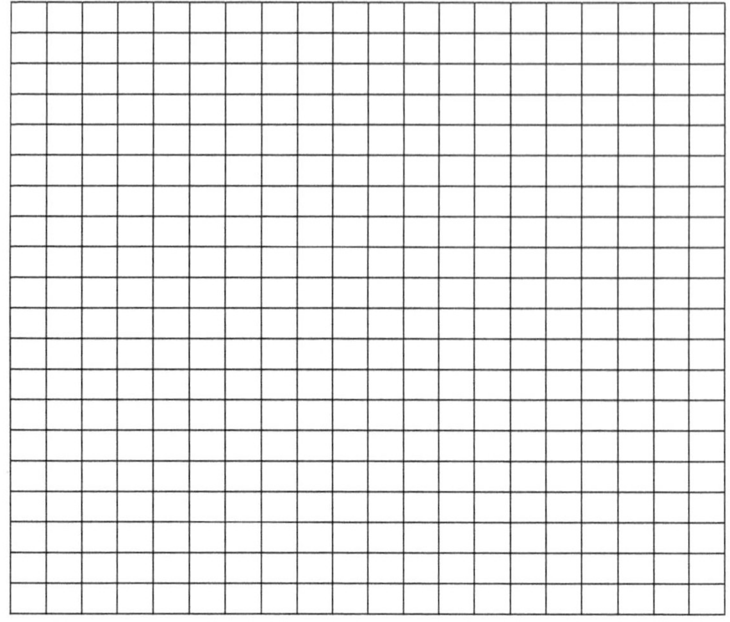

Notes:

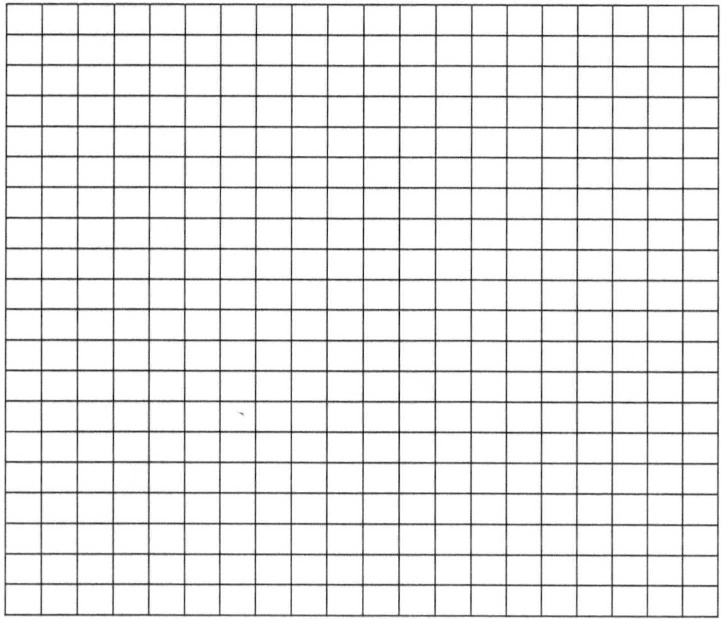

Notes:

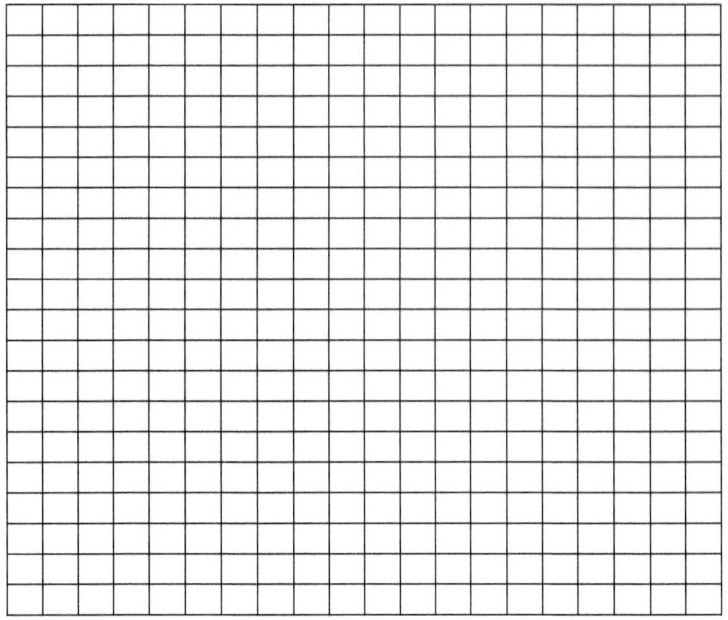

Notes:

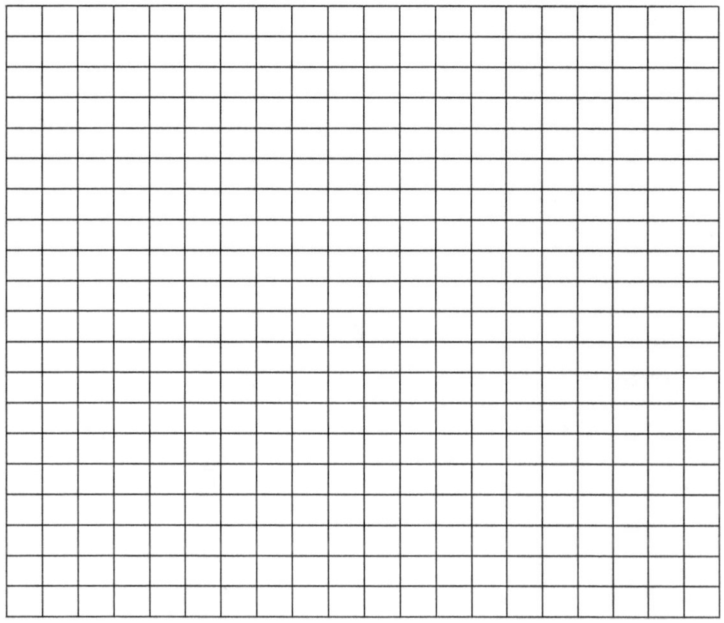

Notes:

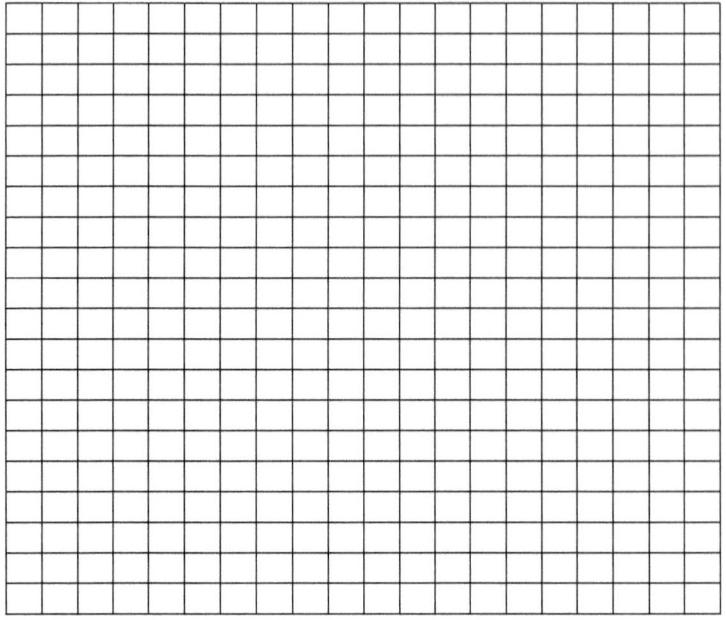

Notes:

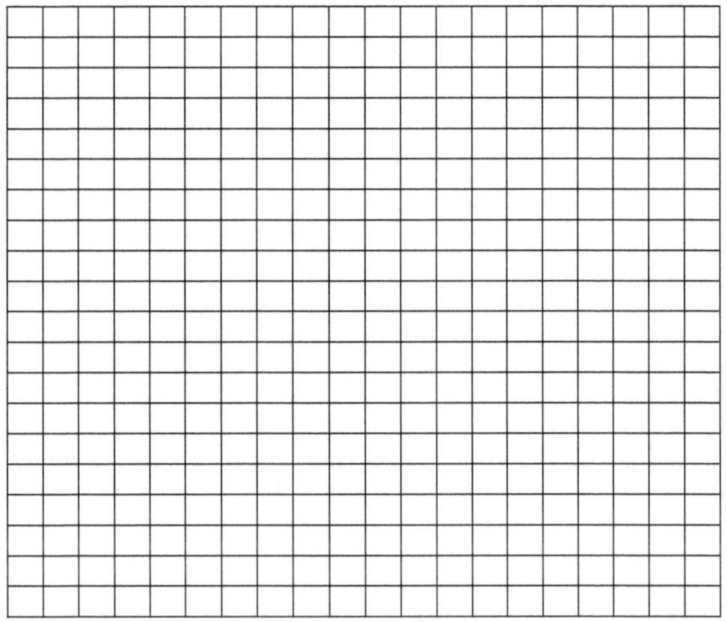

Notes:

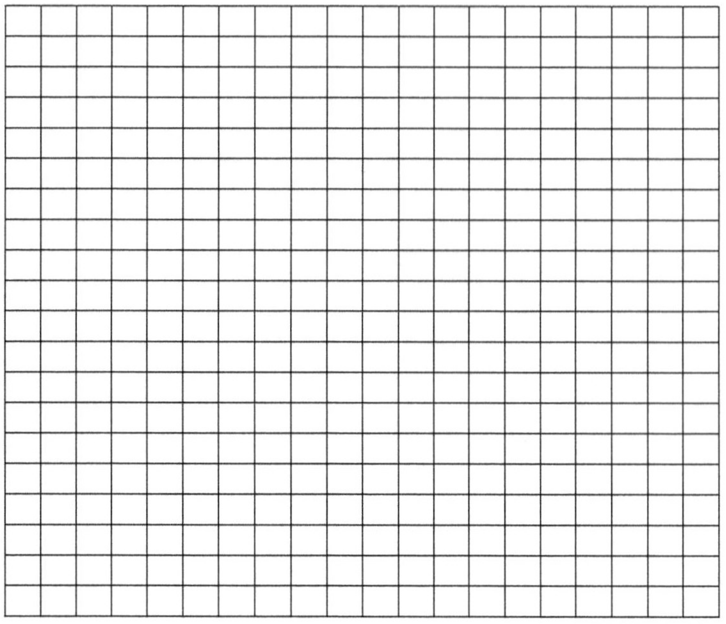

Notes:

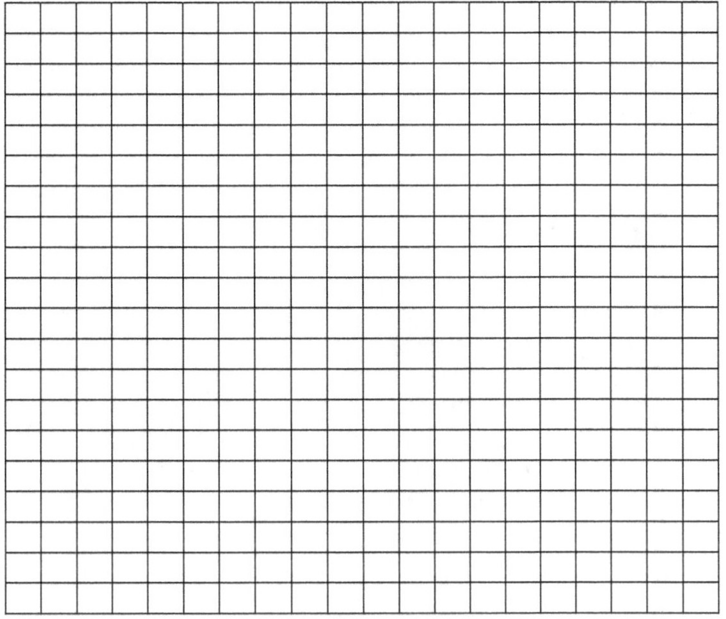

Notes:

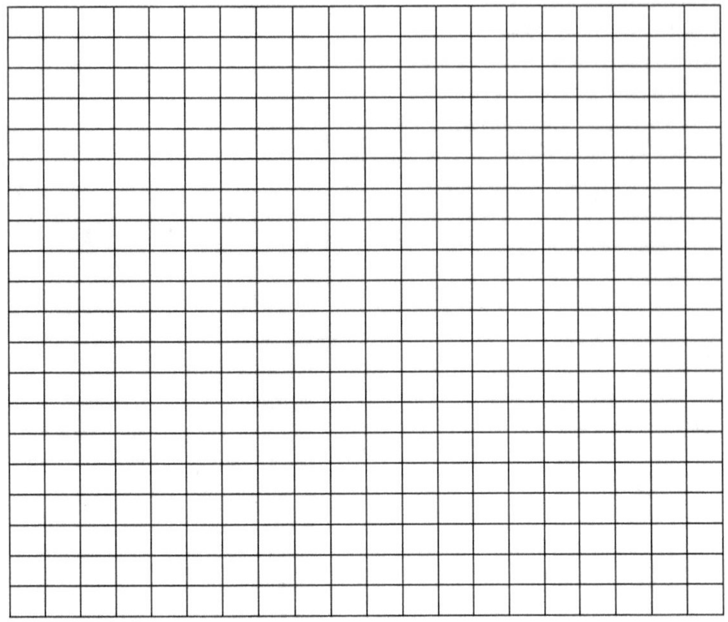

Notes:

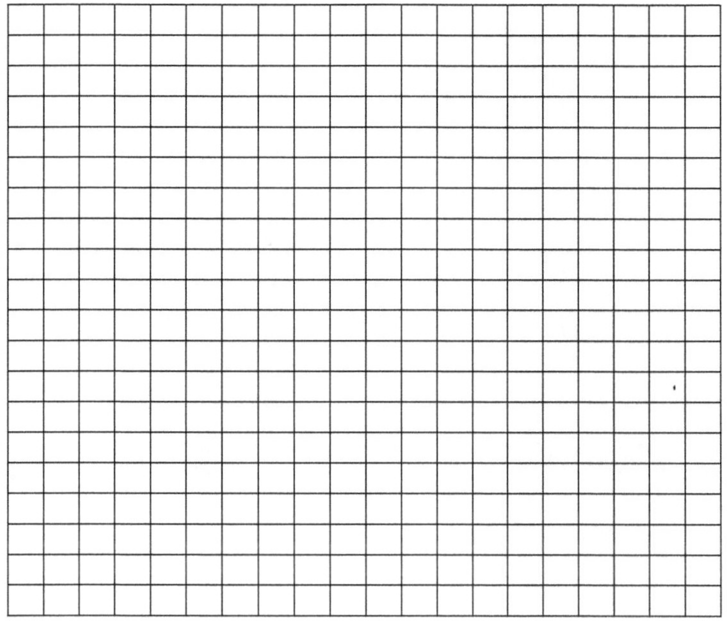

Notes:

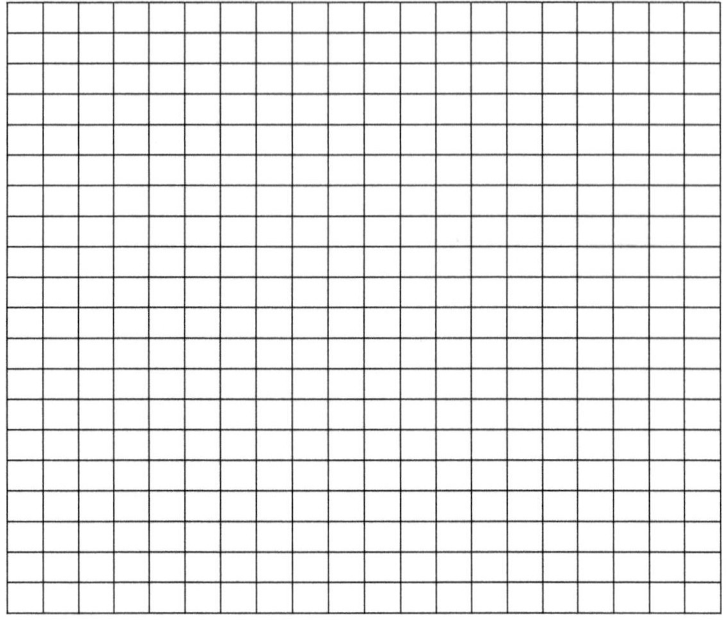

Notes:

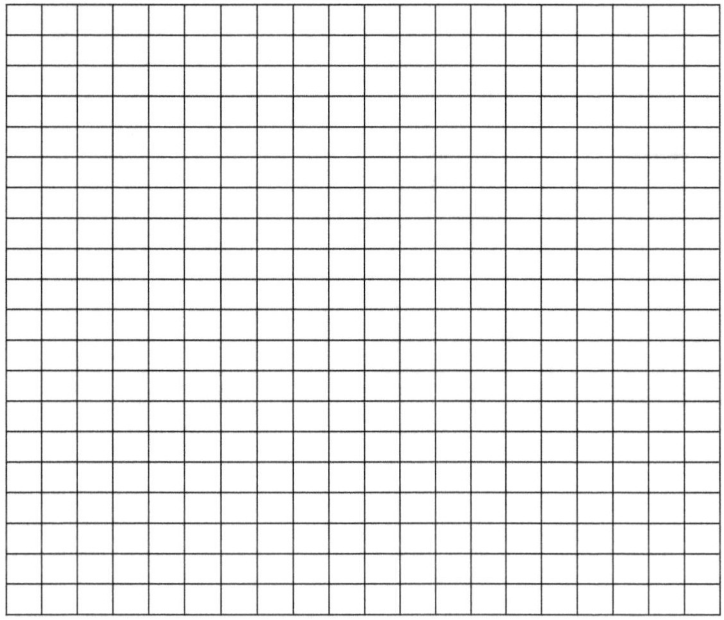

Notes:

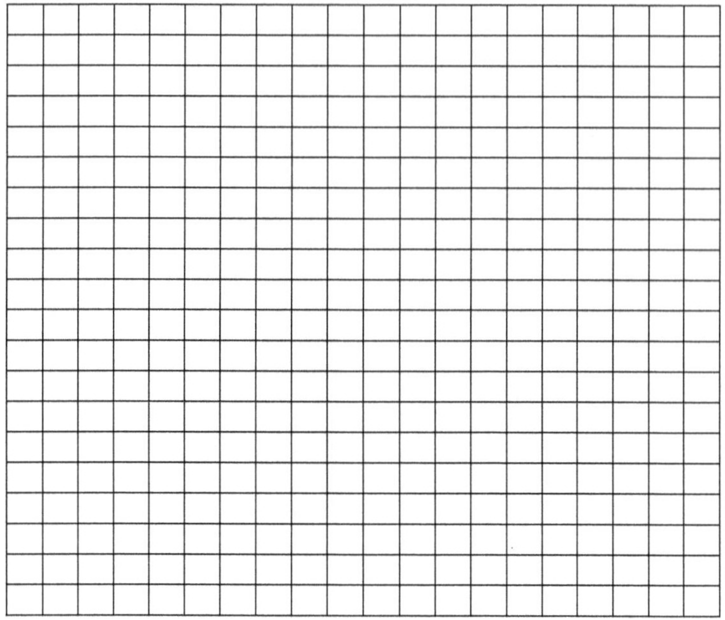

Notes:

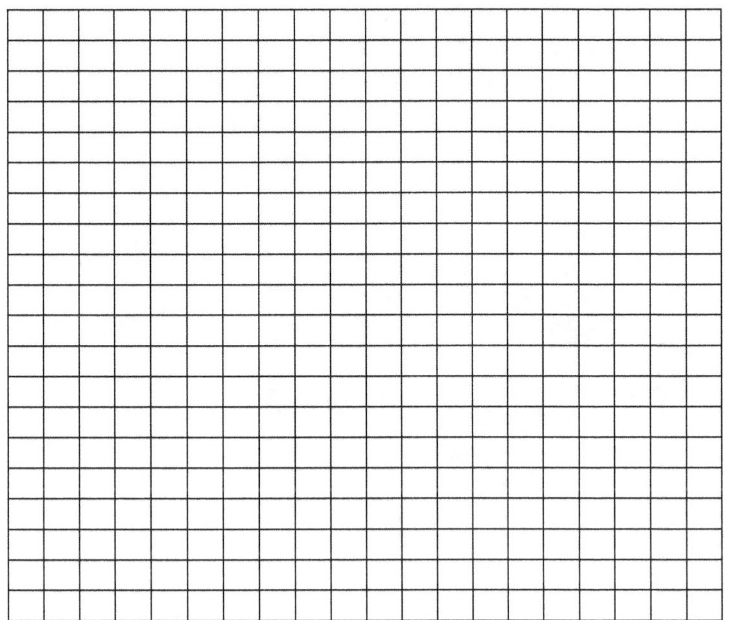

Notes:

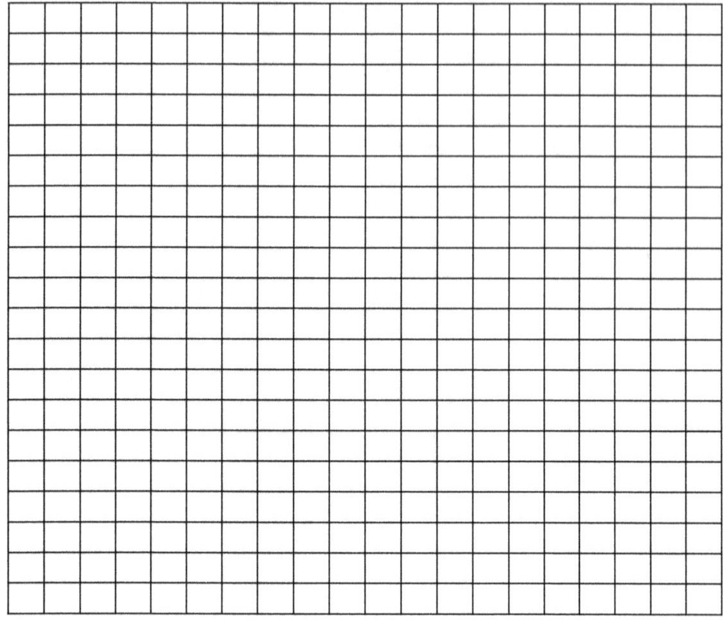

Notes:

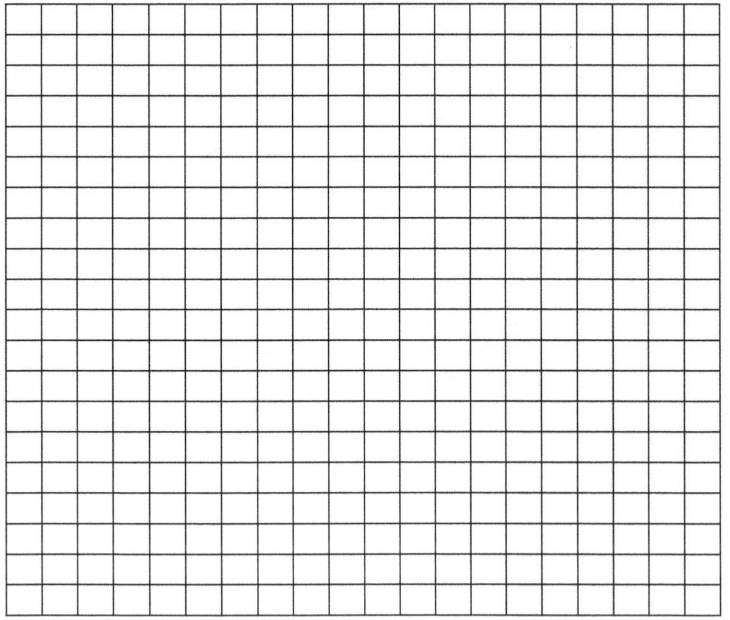

Notes:

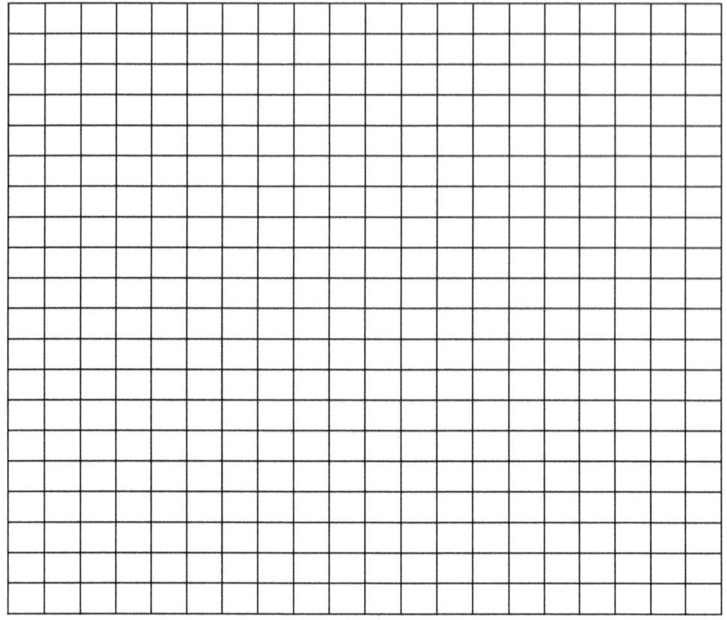

Notes:

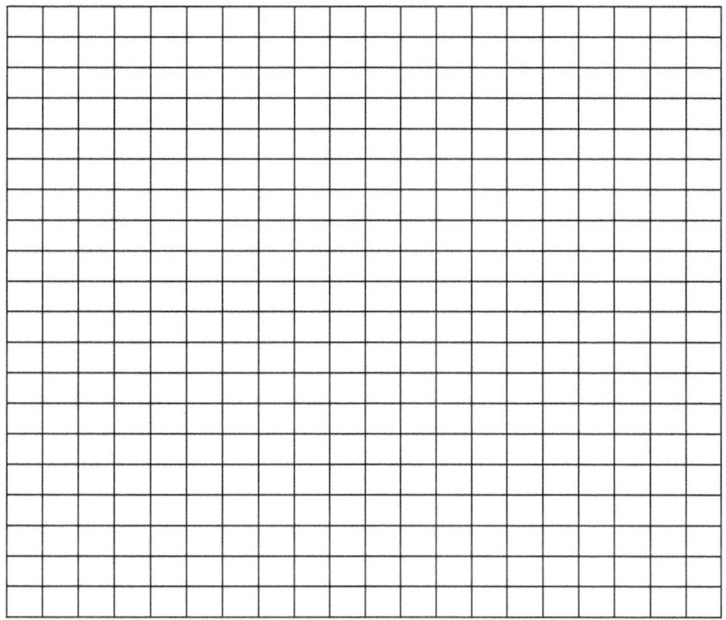

Notes:

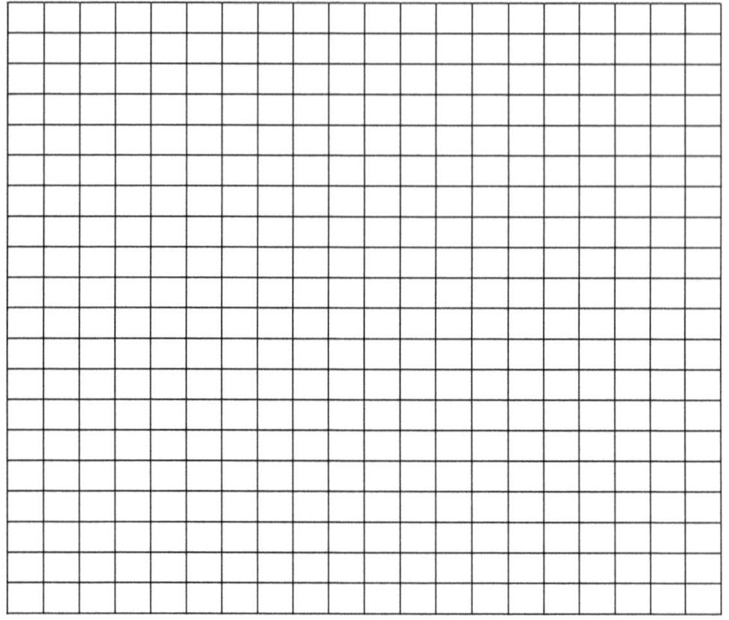

Notes:

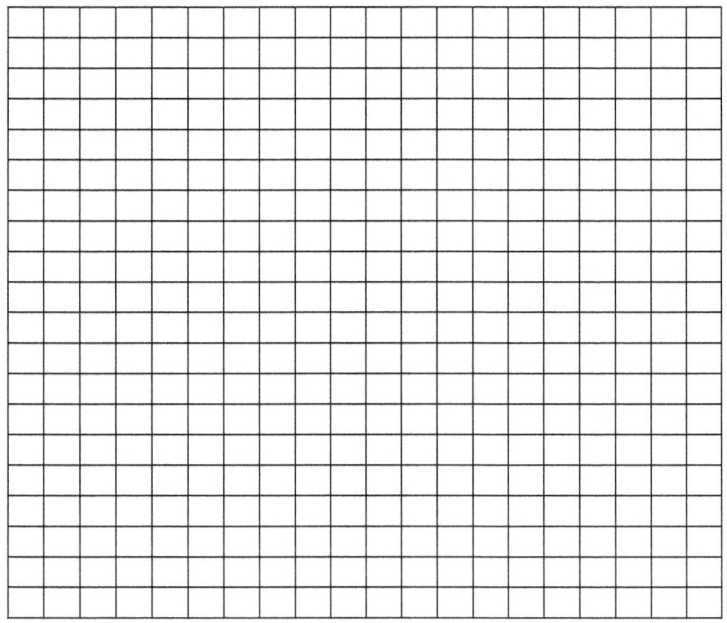

Notes:

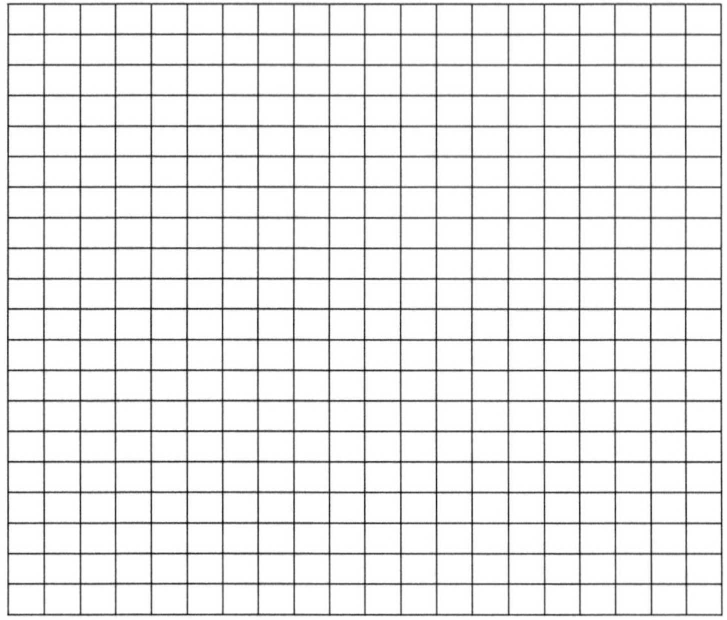

Notes:

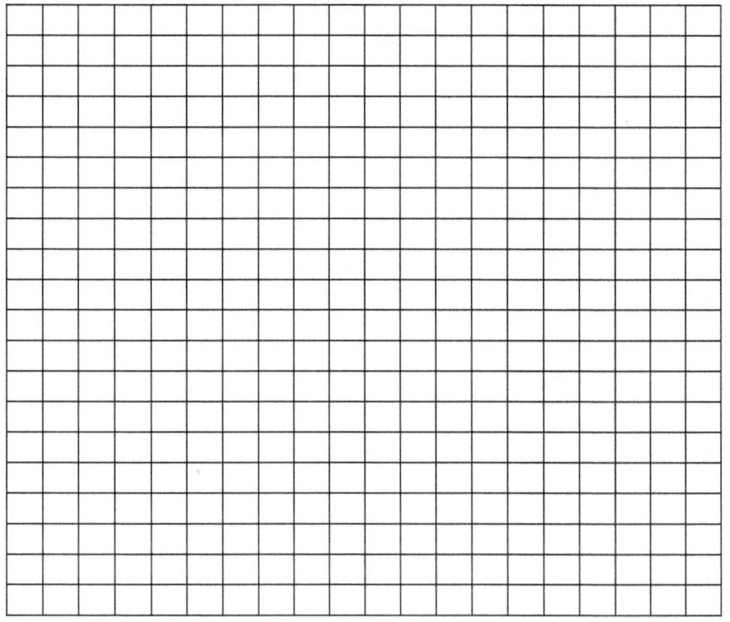

Notes:

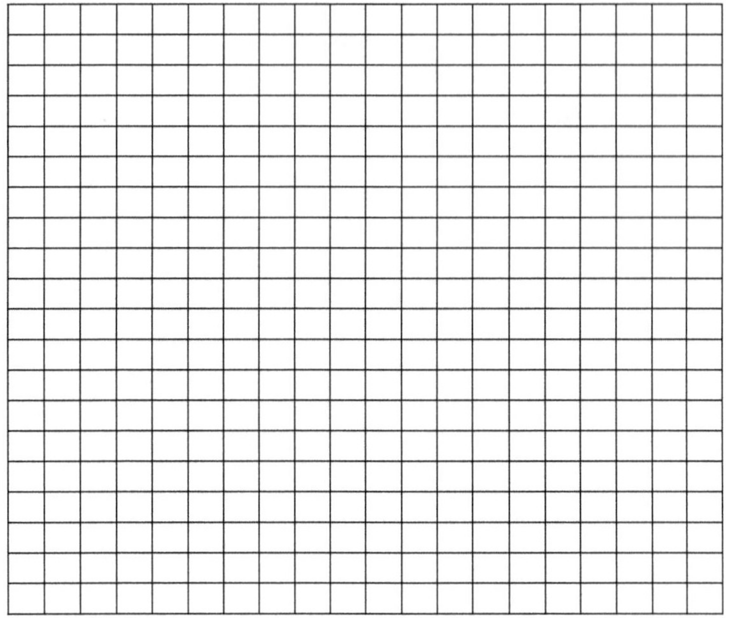

Notes:

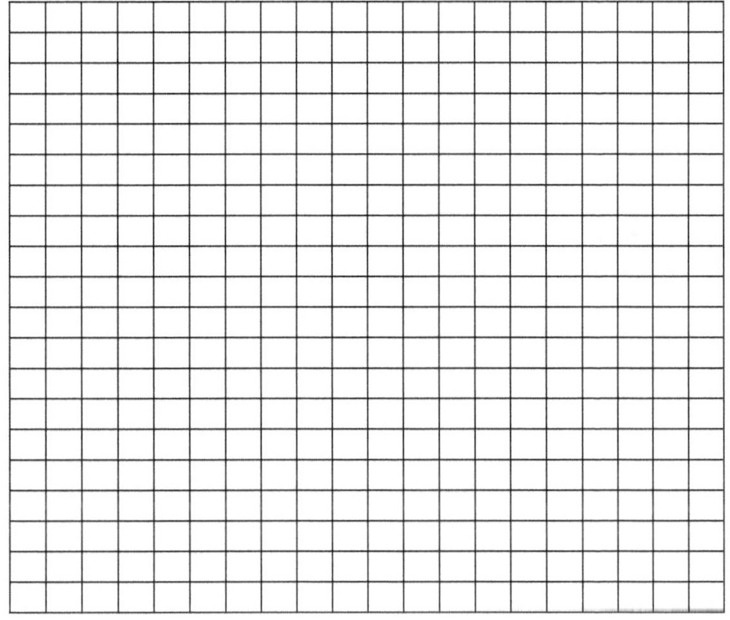

Notes:

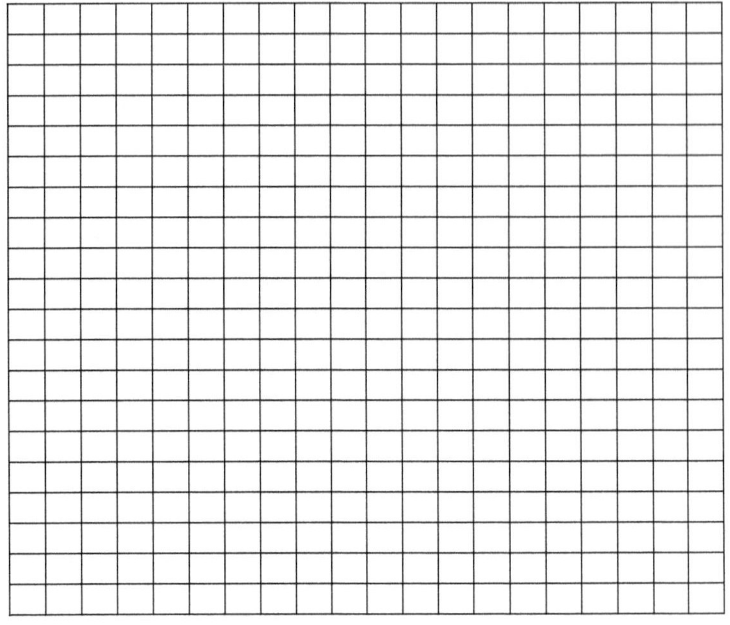

Notes:

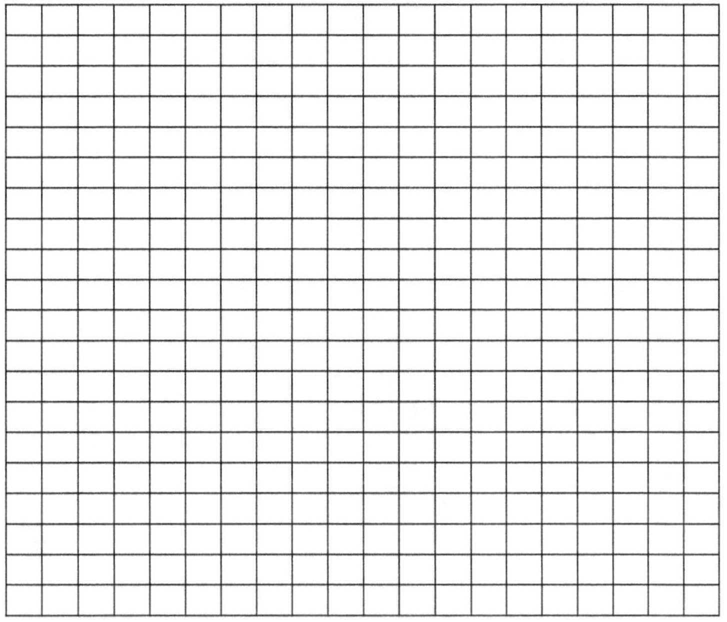

Notes:

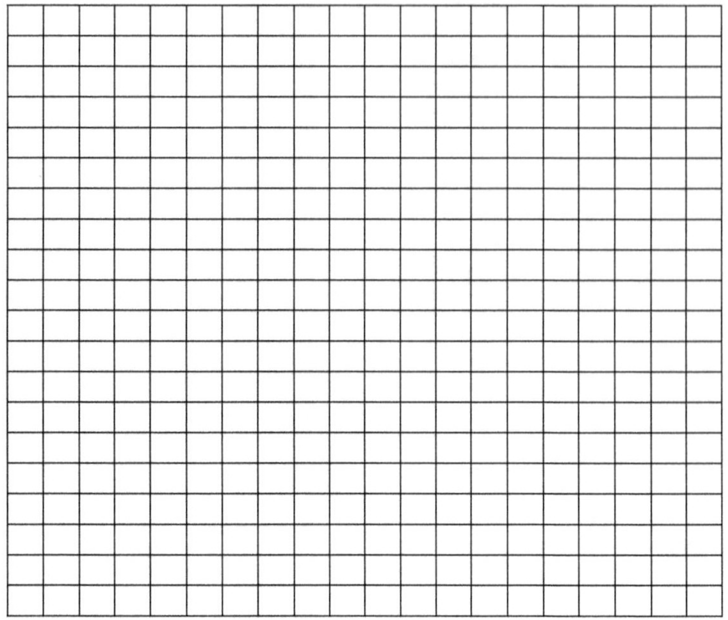

Notes: